LA PHILO expliquée aux ENFANTS

TAHAR BEN JELLOUN

LA PHILO

expliquée aux ENFANTS

ILLUSTRÉ PAR
HUBERT POIROT-BOURDAIN

GALLIMARD JEUNESSE

Alors que je préparais ce livre, en 2020, le monde a connu une pandémie de Coronavirus.

Un minuscule virus, invisible à l'œil nu, a bloqué la planète. Tout s'est arrêté. Les gens ont dû rester chez eux durant plusieurs semaines. Les trains ne roulaient plus, les avions ne volaient plus, les voitures ne circulaient plus. Les théâtres et les cinémas ont été fermés. Les cafés et restaurants aussi. La plupart des commerces ont été contraints d'arrêter leur activité. Et cela dans tous les pays du monde.

Tu as vécu cette épreuve confiné à la maison. Tu as dû te poser des questions. Tu as droit à quelques éclaircissements sur les origines de cette situation inattendue, grave et compliquée.

L'homme s'est cru tout permis. Il a abattu des forêts, il a sali des rivières, il a jeté dans la mer des millions d'objets en plastique, il a envoyé dans l'air des particules pleines de poison, il a chassé des espèces animales rares, il a continué à épuiser les ressources naturelles pour consommer des produits dont il n'a pas besoin.

En rendant la Terre malade, on se rend malade aussi. Comme beaucoup de maladies infectieuses, celle-ci a commencé par un virus qui passait d'un animal à l'homme. Ce genre de cas devient plus fréquent : les contacts se multiplient à cause de l'agriculture intensive et de la concentration de plus en plus importante de la population dans les villes. On entasse des milliers de bêtes, comme des poules ou des vaches, dans de grands bâtiments industriels, et on détruit les endroits où les bêtes sauvages vivaient.

Nous avons un impact sur l'environnement et l'environnement a un impact sur nous. Et parce que tout est connecté, un petit changement peut être amplifié et transmis loin de son point d'origine, un peu comme le petit mouvement d'un fil touché par une mouche fait trembler toute la toile d'araignée.

Le Coronavirus, ce microbe qui pénètre dans les poumons et peut, dans les cas les plus graves, empêcher l'homme de respirer jusqu'à ce qu'il meure étouffé, fait partie de notre monde. Il a toujours existé, et dès que l'homme néglige l'hygiène et laisse la porte ouverte aux maladies, le virus s'échappe et se répand à une vitesse extraordinaire.

C'est ce qu'il s'est passé en Chine, dans la ville de Wuhan qui, au mois de janvier 2020, a constaté qu'un grand nombre de personnes étaient contaminées par un virus, le Coronavirus. Mais le virus voyage avec l'homme. Ce fut ainsi que des milliers de voyageurs à travers le monde l'ont transmis à d'autres personnes, parfois mortellement. L'épidémie est devenue mondiale ; ça s'appelle une « pandémie ».

Si je te parle du Coronavirus, c'est parce que beaucoup de gens pensent que le monde ne sera plus comme avant. Il y aura un avant et un après le Coronavirus.

Ce virus s'est attaqué principalement aux personnes âgées. Heureusement, il a épargné les enfants.

Durant la période où tu as dû rester à la maison, tu as eu le temps de réfléchir. Tu as vu combien la vie est précieuse, comment elle peut être enlevée à ton grand-père ou ta grand-mère. Tu as vu aussi que la vie est pleine de lumière, de belles choses. Elle est belle et il faut apprendre à la garder dans sa beauté. Comment ? Il faut commencer par avoir confiance en toi-même. Tu es intelligent. Tu es sensible. Donc tu as les moyens de prendre soin de toi, de tes parents et aussi de l'environnement dans lequel tu vis.

C'est une question de respect. Respect de toi-même, et respect de la nature. N'oublie jamais : prendre soin de l'environnement est une nécessité vitale.

Quand je dis que c'est à toi de juger ce que tu lis, j'y inclus ce livre aussi. Tu n'es pas obligé de me croire sur parole. Je te demande seulement de regarder ce que je te propose et de décider par toi-même si tu es d'accord. Réfléchis seul, ne t'en laisse pas conter. Ne t'en laisse pas conter, ça veut dire : Ne sois pas dupe. Ne pas être dupe, c'est s'efforcer de comprendre ce qui est vrai.

Tu as sans doute entendu parler des « fake news », ces informations fausses qui circulent un peu partout. J'espère que ce livre t'aidera à y voir plus clair, à te faire ton propre jugement. Cela s'appelle « l'esprit critique ».

Tu verras que le thème de l'environnement revient souvent dans ce livre, comme un refrain dans une chanson. Si j'avais un vœu à faire, ce serait que tu mettes ce refrain en musique dans l'aventure de ta vie. Utilise ton esprit, sois inventif, utilise ton humour, ton imagination, ta force, ta générosité. Tu peux, par ta volonté et ton intelligence, préserver la beauté qui existe dans la vie et sur Terre, et vivre sans que l'ombre ne gagne sur la lumière.

Nous pouvons remporter ce combat en étant plus sages, c'est-à-dire plus philosophes. Parce que la philosophie est « amour de la sagesse », et que ça permet aussi de changer le monde.

Tahar Ben Jelloun,
2 mai 2020

INTRODUCTION

Il était une fois un homme d'un certain âge, appelé Moha. Toute sa vie, il a observé des hommes vivre. On disait qu'il était fou et sage à la fois. Cet homme est un personnage qui a une particularité : il dit en toute franchise ce qu'il pense. Il est libre, c'est-à-dire qu'il n'a plus rien à perdre, et surtout il ne dépend de personne. Il se rend dans la ville, regarde comment les hommes et les femmes vivent, comment ils se comportent, et quand il surprend une action qui ne correspond pas à la vérité, à la justice, à la dignité, il la dénonce.

Ce personnage n'a ni maison (il habite dans le tronc d'un arbre centenaire), ni famille ni fortune. Il est pauvre et sa pauvreté fait de lui quelqu'un qui parle sans craindre une quelconque punition.

Sa liberté est essentielle. C'est sa vie, c'est sa raison de vivre, même s'il est pauvre et accepte que des personnes généreuses lui procurent de quoi manger.

Nous avons tous besoin de cette liberté. Elle est représentée ici par Moha. Nous devons tous nous approcher le plus possible de cette parole libre, qui n'est salie par aucun intérêt matériel, par aucun calcul, par aucun égoïsme.

Moha est un témoin. Il observe le monde et, suivant sa raison, dit ce qu'il pense de la manière dont ce monde vit.

Moha aurait pu exister du temps de Socrate, un philosophe qui parlait simplement de la vie et de ses problèmes. Socrate a vécu à Athènes 399 ans avant Jésus-Christ. C'était un sage, quelqu'un qui avait un jugement juste et sûr sur la vie et la manière de vivre. Il a été condamné par un tribunal d'Athènes pour « corruption de la jeunesse » et pour avoir douté des idoles divines ancestrales. Il est mort à 71 ans en buvant la ciguë, un poison fatal.

Moha est un Socrate des Temps modernes. C'est aussi un sage, et quand il énonce des vérités qui dérangent, on dit qu'il est fou.

Nous allons suivre la méthode de Moha et essayer d'expliquer ce que certains mots veulent dire, des mots qui désignent ce qu'on appelle des concepts, c'est-à-dire des représentations d'idées et de pensées. Par exemple, la sagesse est un concept. La morale est un concept.

Nous allons analyser simplement, avec précision, près d'une centaine de concepts que nous utilisons dans notre vie quotidienne.

*

LA PHILOSOPHIE, C'EST QUOI ?

La philosophie, c'est l'amour de la sagesse.

Là, il y a deux mots : *phílos*, qui, en grec, veut dire « aimer », puis *sophía*, qui veut dire « sagesse ».

C'est quoi, la **sagesse** ?

Quand on dit d'un enfant qu'il est sage, cela veut dire qu'il est calme, écoute ce qu'on lui dit et ne fait rien en dehors de ce qu'il doit faire.

Être sage, ici, est le contraire d'agité ou d'indiscipliné ; c'est aussi le contraire de fou.

Un fou est quelqu'un qui ne possède plus sa tête, sa raison. Il fait n'importe quoi, dit n'importe quoi sans réfléchir, sans penser aux conséquences de ce qu'il dit ou ce qu'il fait.

Aimer la sagesse, c'est vouloir comprendre les choses pour mieux se conduire dans la vie.

Un enfant n'est pas toujours sage, heureusement. Cela ne veut pas dire qu'il est fou, mais il peut avoir une attitude qui n'est pas à cent pour cent raisonnable. Il peut par exemple être curieux et poser des questions au professeur, des questions qui peuvent paraître étranges ou déplacées. Mais c'est aussi un sage qui veut savoir. Il réclame l'attention du maître pour pouvoir comprendre ce qui lui paraît difficile.

La **curiosité** est une qualité, une forme de sagesse.

La sagesse, ce n'est pas rester immobile dans son coin. C'est être éveillé et intéressé par le cours tout en respectant les règles de la classe. L'élève sage ne va pas parler sans que ce soit son tour, il ne va pas se lever et quitter la salle alors que le prof fait son cours, par exemple. Il ne va pas crier ni perturber le cours. L'enfant sage tient compte des autres et sait qu'il y a des règles qu'il faut respecter. Une des règles importantes consiste à prendre soin de notre environnement, de ce qui nous entoure, de l'espace dans lequel on vit.

L'amour de la sagesse, c'est l'amour du savoir, c'est le désir de connaître, c'est la volonté de demander à celui qui sait – le maître, le professeur – d'expliquer les mots compliqués ou difficiles.

La philosophie, ce n'est pas difficile ni compliqué à partir du moment où on explique les choses avec des mots compréhensibles par tous.

Je vous donne un exemple : prenons un mot très courant que vous connaissez tous : géographie. Vous savez ce que ce mot veut dire. Mais je vous donne une explication à partir des syllabes qui le composent : *gê* en grec veut dire « terre » et *graphein*, « écrire ». Donc la matière qu'on vous enseigne au même titre que l'histoire, c'est « l'écriture de la terre ». Ce sont les dessins tracés sur une carte où on reproduit les frontières de chaque pays, les tracés des fleuves, l'emplacement des mers et des montagnes, où on situe les capitales de chaque pays ainsi que les autres villes, etc.

Un élève curieux et attentif peut tout comprendre si on prend le temps de bien lui expliquer ce que les mots signifient, quelle pensée ils expriment. La philosophie n'est pas réservée aux grandes personnes. Si on explique avec des mots simples, accessibles à tous, des concepts, c'est-à-dire des pensées, des idées, on peut dire qu'on fait de la philosophie. **On pense.**

à toi de jouer

Es-tu d'accord avec le philosophe Alain qui a dit :
« Penser, c'est dire non » ?

*

PENSER

La philosophie nous apprend à penser, à mettre de l'ordre dans les idées qui prennent forme dans notre tête et à nous poser des questions.

Le philosophe Alain a écrit : « Penser, c'est dire non. » En d'autres termes, penser, c'est refuser d'avaler tout ce qu'on nous raconte.

Penser, c'est, dans un premier temps, ne pas accepter immédiatement ce qu'on nous propose, rester à distance de ce qu'on nous dit. Ensuite, on réfléchit. Si ce qu'on nous dit a un sens, si cela correspond à ce que nous pensons, alors on l'accepte. Mais on reste sur ses gardes. Car penser, c'est discuter, échanger des idées, parler, donner des arguments et examiner les arguments contraires. Cela veut dire qu'il ne faut pas hésiter à douter.

Penser, c'est oser, oser donner un avis, affirmer, être vivant, présent, décidé à participer à l'action même si on prend des risques. Les animaux ne pensent pas, même si certains comprennent ce qu'on leur demande. Cela ne veut pas dire qu'il n'existe pas d'intelligence animale. Cette intelligence est différente de celle de l'homme. Autrement dit, il n'existe pas de pensée animale, car la pensée utilise le langage fait de mots et de phrases. Certains animaux sont plus vifs que d'autres. On dit que le rat est très intelligent, car il sait s'adapter à des situations nouvelles.

Les animaux ne parlent pas, même s'ils ont leur propre langage, fait de comportements qui signifient quelque chose. Un chien qui a faim ou qui a envie de sortir de la maison pour courir le fait savoir.

Penser, c'est le début de toute philosophie. Descartes a dit : « Je pense, donc je suis. »

Penser, c'est être concerné par le monde dans lequel je vis, c'est réaliser que j'existe, que je ne suis pas une pierre ou une planche ou un animal. Mon existence, ma présence au monde, se démontre par le fait que je pense.

à toi de jouer

Essaie de ne penser à rien, mais à rien de rien, à rien du tout. Que se passe-t-il ? Y parviens-tu ?

*

→ DOUTER

Quand on pense, on remue les idées qu'on a dans la tête. On se demande si elles sont toutes valables ou bien si certaines d'entre elles ne relèvent pas de la sagesse.

Alors on doute.

Douter, c'est être incertain, c'est n'être pas très sûr de la réalité d'un fait, de sa vérité. Le doute laisse à l'esprit sa liberté. L'esprit n'est pas obligé d'accepter une affirmation sans examiner sa réalité. Douter, c'est remettre en question cette affirmation. C'est avoir l'esprit critique.

Celui qui ne doute pas, qui accepte tout ce qu'on lui dit, ne fait pas travailler son intelligence. Il se contente d'avoir ce qu'on appelle des certitudes, c'est-à-dire des pensées fixes, figées, fermées, et qui ne font pas avancer la discussion. On parle aussi de préjugés, c'est-à-dire d'idées qui précèdent un vrai jugement, une vraie réflexion. C'est un manque de vigilance que de ne pas douter.

Douter, c'est faire preuve d'une présence attentive au monde et à la manière dont on se conduit. Nous ne sommes pas des animaux ou des machines. Si quelqu'un vient nous dire : « La Terre est plate », on peut le croire, car apparemment, elle est plate. Mais si on fait fonctionner notre esprit, il nous dira à l'oreille : « Attention, il faut douter, peut-être que cette personne a tort. »

Effectivement, la Terre n'est pas plate, elle est ronde et tourne autour du Soleil. Cette vérité a été démontrée par plusieurs savants, d'Aristote (au IVe siècle avant Jésus-Christ) à Galilée (1564-1642). Depuis, aucun scientifique ne conteste cette vérité qui est une certitude.

On peut douter de l'existence de Dieu, pas de la Terre ronde qui tourne autour du Soleil. Il y a très longtemps, le penseur et philosophe grec Aristote l'avait déjà compris en observant l'ombre de notre planète sur la Lune pendant une éclipse. Par ailleurs, il y a bientôt cinq cents ans, le physicien et astronome Galilée a démontré que c'est bien la Terre qui fait une révolution autour du Soleil. La Terre n'est pas plate ni immobile. Elle tourne autour du Soleil.

Douter de quelque chose qui est évident, c'est être **sceptique**.

Ainsi, malgré des preuves scientifiques éclatantes, des millions de personnes sont encore convaincues que la Terre est plate. D'après un sondage, 9 % des Français et 16 % des Américains affirment que la Terre est plate et que tout ce qu'on veut leur faire croire fait partie d'un complot. Ceux qu'on appelle « les platistes » n'ont pas peur du ridicule.

Si on doute tout le temps de tout, on ne peut plus avancer. Il faut douter avec mesure. Le doute reste un instrument privilégié de la pensée, à condition qu'il ne soit pas exagéré en empêchant carrément de réfléchir !

à toi de jouer

Fais la liste des choses dont tu doutes.

*

→ SCEPTIQUE

Être sceptique, c'est suspendre son jugement ou tenir fermement à une certitude.

Dans le doute, j'ai une attitude ferme : je ne crois pas l'histoire qu'on me raconte. Je suis prudent et je refuse de prendre pour argent comptant le fait qu'on me présente.

Même si on me dit une évidence : la Terre est ronde, je prends une seconde de réflexion avant d'affirmer la même chose.

Le sceptique prend beaucoup de temps avant de donner son accord à une affirmation. Ainsi, des experts et des savants alertent depuis des années les dirigeants des grands États sur la détérioration du climat sur la planète. Certains de ces dirigeants, comme le président américain Trump, ne croient pas ce que les savants leur disent et redisent.

Face à ce phénomène qui a été maintes fois constaté et dont on voit déjà les conséquences (les ouragans, les inondations, les glaciers qui fondent anormalement, la gravité de la canicule, etc.), des gens ont malgré tout refusé de croire à ces changements. On les appelle les « climatosceptiques », justement parce que le sceptique est celui qui remet un peu tout en question. Les sceptiques pensent qu'on dramatise trop et ne croient pas que le changement climatique a des répercussions graves sur l'état du monde. Or ils se trompent. Des savants ont en effet démontré, preuves à l'appui, comment le réchauffement de l'atmosphère a des conséquences désastreuses sur la Terre et sur la santé de l'homme.

La pollution de l'air est une réalité, ce n'est pas une invention. La preuve : des études scientifiques montrent que des particules toxiques salissent nos poumons quand on respire, alors on tousse ; si l'air ne devient pas plus respirable, on peut en mourir si on n'est pas soigné à temps.

En restant sceptiques, ces gens retardent les mesures à prendre pour sauver la planète.

Ainsi, le doute est une chose normale, mais persister dans le scepticisme au-delà du raisonnable peut dans certains cas être à l'origine de catastrophes.

Dans ce cas-là, pour contrer les sceptiques et leur entêtement ridicule, il faut une bonne **éducation** qui nous a appris à penser.

à toi de jouer

Penses-tu que tes parents font ce qu'il faut pour respecter l'environnement ?

*

→ ÉDUCATION

Éduquer, c'est former, enseigner, transmettre un savoir, donner des règles pour se conduire dans la vie, communiquer les formes de la culture : la lecture, l'écriture, l'histoire et la géographie, la littérature et les mathématiques, l'art dans ses formes multiples et variées.

L'éducateur est celui qui fait passer des pensées, des valeurs. C'est un passeur.

L'éducation aide à éveiller l'esprit de l'enfant, à le rendre curieux, à lui donner envie de connaître le fonctionnement des machines et des choses.

L'école est le lieu principal où l'éducation se fait. Mais pas seulement : la famille peut aussi participer, c'est-à-dire contribuer à éduquer ses enfants, à développer l'esprit de créativité, par exemple. La famille doit être en principe une école complémentaire. Elle vous transmet des valeurs et une façon d'être dans la vie en vous apprenant le respect, la curiosité, l'étonnement… bref, l'envie de faire des découvertes et de savoir. Les parents peuvent vous aider à faire vos devoirs d'école, mais aussi ils doivent vous inciter à apprendre à vivre avec les autres dans un respect réciproque.

Aujourd'hui, on peut dire que l'éducation passe par l'école, la famille, les médias et aussi Internet (les réseaux sociaux, comme Twitter, Instagram, etc.). Dans tous les cas, il faut être prudent et ne pas avaler tout ce que les médias et les réseaux sociaux racontent. On peut même, dans certains cas, se méfier de ce que disent les parents qui, considérant que l'école ne fait pas bien son travail, cherchent à donner une autre éducation à leurs enfants. Les parents veulent certes le bien de leurs enfants, mais ils peuvent se tromper et leur inculquer des idées ne correspondant pas aux valeurs universelles, c'est-à-dire à ce que tout être doit reconnaître comme bien et bon, juste en réfléchissant lui-même. Des parents racistes, par exemple, pensent qu'il faut apprendre à leurs enfants à se méfier des étrangers, des autres religions et des cultures différentes. Or, en réfléchissant par soi-même, on se rend bien compte que ça ne peut conduire à rien de bien ni de bon.

$a^2+b^2=$
A
B
C

La bonne éducation a pour but de nous inculquer un certain nombre d'habitudes faites d'intelligence et de respect. Elle devient une seconde nature grâce à laquelle nous veillons à ne pas laisser nos réflexes anciens prendre le dessus et à ne pas nous conduire de manière non civilisée.

Aujourd'hui, l'absence d'éducation peut transformer un adolescent en délinquant et même en criminel, voire en terroriste.

L'éducation est la base fondamentale pour vivre intelligemment ensemble. Cela consiste à respecter les personnes qui nous enseignent un savoir, les maîtres d'école, les professeurs, les sages qui ont de l'expérience. Par ailleurs, il faut respecter les personnes âgées, les faibles, les handicapés, etc. Il faut être prêt à leur venir en aide. Une personne tire sa valeur du seul fait qu'elle est humaine, quelles que soient sa situation et la précarité de sa condition.

L'éducation est le propre de l'homme ; c'est ce qui, entre autres, nous différencie de l'animal.

Avec l'éducation nous apprenons à être curieux. La **curiosité** est une qualité que tout enfant doit avoir. Être curieux, c'est avoir naturellement la volonté de connaître ce qui existe. La curiosité est ce qui nous pousse à augmenter notre savoir. Il faut être curieux de tout, des objets et des outils, de la manière dont ils fonctionnent, des choses qui nous paraissent banales mais dont on ignore l'origine. Par exemple : sais-tu comment fonctionne une radio, un téléphone ? Comment vole un avion ? Utiliser des machines sans savoir comment elles fonctionnent peut nous amener à en être plus dépendants.

Il faut aussi être curieux des autres, de ceux que nous fréquentons ou que nous croisons. Savoir s'ils vont bien, s'ils ont besoin d'aide, s'intéresser à eux et à ce qu'ils font, etc.

Il arrive que l'adjectif « **curieux** » désigne quelqu'un d'étrange.

Le philosophe Emmanuel Kant disait : « L'homme ne peut devenir homme que par l'éducation. Il n'est que ce que l'éducation fait de lui. » À la fin du XVIIIe siècle, dans le sud de la France, des paysans trouvèrent un enfant d'une douzaine d'années qui vivait tout seul dans les bois. Il ne savait pas parler et se comportait comme un animal. Certains voulaient le placer chez les fous, mais un médecin du nom de Jean Itard décida au contraire de s'occuper de lui en faisant son éducation. Il était convaincu que c'était la solitude qui l'avait rendu ainsi, et qu'on pouvait lui apprendre à devenir l'homme qu'il aurait dû être s'il n'avait pas été abandonné. Itard fit alors le pari de l'éducation.

Cela étant, l'éducation ne se limite pas à l'instruction, c'est-à-dire à l'école. Elle doit se faire à tous les niveaux. Elle est à la base de notre comportement. Il y a des choses à faire et d'autres à ne pas faire. On le sait par l'éducation. Quand il y a une queue devant un guichet, l'éducation nous ordonne de respecter l'ordre de la file et de ne pas essayer de passer devant les autres. Ça doit devenir naturel.

Quand j'étais petit et que mes parents recevaient des gens à la maison, il m'était interdit de m'installer autour de la table en même temps que les invités. Il fallait attendre que toutes les personnes soient installées pour que ma mère me fasse signe de prendre place. Je ne protestais pas, je savais qu'un invité doit être privilégié. C'est une marque de considération et de politesse.

L'éducation, c'est trier les objets qu'on jette à la poubelle ; il y a une poubelle pour le papier (qui sera recyclé), une autre pour le verre (qui sera aussi recyclé), et une autre pour les déchets qui ne peuvent pas être recyclés facilement mais qui peuvent servir comme combustible. C'est une habitude à prendre dès l'enfance. La planète n'est pas une poubelle.

à toi de jouer

Penses-tu qu'un enfant puisse éduquer ses parents ?

*

→ RESPECT

Le respect est une forme de reconnaissance à l'égard des personnes et des valeurs que nous considérons comme méritantes. Et si, bien sûr, le respect est dû à chacun en tant qu'être humain, certains méritent des signes de respect particuliers. Par exemple, ceux qui contribuent à enrichir notre savoir. Il s'agit de ne pas porter atteinte à ces personnes ou à ces valeurs, à leur donner de l'importance et à s'efforcer de les protéger et de les défendre si quelqu'un s'attaque à elles.

Le respect obéit à ce principe selon lequel il n'est pas permis de manquer de reconnaissance à ces personnes et à ces valeurs. Ce principe est une vertu, une qualité acquise par l'éducation et les règles du vivre-ensemble.

Il y a le respect des parents, des personnes âgées, des personnes en difficulté (par exemple handicapées), et puis il y a ce qu'on appelle « le respect de la parole donnée ». C'est une fidélité à une promesse, à une décision prise devant témoin.

Ce respect relève de la notion d'honneur. La **parole** donnée est un gage qui établit si on peut nous faire confiance ou pas. Avant, il y a longtemps, des commerçants faisaient des affaires sans contrat, sans signer un document. La confiance était naturelle et personne ne se permettait de la trahir. C'était l'époque où la parole suffisait. Aujourd'hui, on a besoin de contrats, d'avocats, de preuves, etc.

Quand je dis : « Je vous donne ma parole », cela veut dire : « Je m'engage à tenir la promesse que je vous ai faite. »

Quelqu'un qui ne respecte pas « la parole donnée » est tout de suite mis à l'écart, on ne peut plus lui confier un secret, on ne peut plus se fier à lui ni compter sur lui.

Si, par exemple, ton meilleur ami à qui tu as confié un secret te trahit et le dévoile publiquement, tu sais qu'il ne tient pas parole. Par conséquent, non seulement tu ne lui diras plus rien, mais tu cesseras de le fréquenter et il ne sera plus ton ami.

Le respect de la parole donnée est donc fondamental dans les relations humaines. C'est une question d'honneur.

Avec le temps, le pardon est possible. En tout cas, il faut l'envisager.

récit

Voici un récit à méditer :

Petit, j'allais à Fès, ma ville natale, à l'école coranique ; c'est une école dans une mosquée où on est assis sur des nattes et où on apprend par cœur des versets du Coran. Quand j'arrivais le matin, je commençais par baiser la main du fqih *(le maître). C'était la tradition : un signe de respect.*

Quand j'ai eu 6 ans, mon père m'a inscrit dans une école franco-marocaine.

Le premier matin, en arrivant à cette école moderne, je me suis conduit comme à l'école coranique, j'ai baisé la main du directeur, un Français qui était à la porte avec un énorme chien. Cet homme a retiré sa main et m'a grondé.

Mes parents m'avaient appris à respecter mes enseignants. Mais ce geste n'a pas été compris par le directeur français. Parfois, la manière de témoigner du respect est différente d'un milieu ou d'une culture à un autre. Les signes du respect ne sont pas partout les mêmes, mais nous pouvons au moins tomber d'accord sur ce qui est respectable en soi.

à toi de jouer

D'après toi, quelles sont les personnes à respecter absolument ?

*

→ PAROLE

Non seulement il faut respecter la parole donnée, mais il faut aussi prendre la parole. C'est notre droit. On a tous le droit de prendre la parole et de poser des questions, mais pas tous à la fois. Il faut le faire de façon ordonnée, chacun son tour. Car le principe est d'échanger des idées.

Il ne faut pas avoir peur d'oser poser des questions, même les plus surprenantes.

C'est en posant des questions qu'on avance dans le savoir. Il ne faut pas avoir peur de parler. Il faut vaincre sa **timidité** et dire ce qu'on a à dire.

Mais, tout en prenant la parole, il faut se méfier des apparences, ce que nous voyons devant nous et qui est parfois juste un voile.

Parler, en effet, c'est échanger des pensées. C'est chercher des arguments pour justifier ce qu'on dit. C'est transmettre ce qu'on sait, ce qu'on ressent, ce qu'on pense. Il ne faut pas hésiter. L'autre, en face de toi, peut n'être pas d'accord. Il va chercher à te contredire, à opposer ses propres arguments aux tiens. L'échange est important, à condition d'en respecter les règles : on discute calmement, sans crier, sans se disputer.

Discuter, dialoguer, cela s'apprend.

Si on ne discute pas, on reste prisonnier de ses certitudes, c'est-à-dire captif de ses idées figées, fermées et qui ne font pas avancer la **vérité**. Les certitudes ont pour effet de nous encourager à nous entourer de gens qui pensent comme nous, si bien

qu'on ne découvre rien de nouveau, on ressasse les mêmes pensées et on finit par tourner en rond jusqu'à avoir une pensée stérile, c'est-à-dire qui ne nous apporte rien et qui ne sert à rien.

récit

Il y a longtemps, la bonne éducation consistait à ne pas prendre la parole. Il fallait écouter les grands et se taire.

Aujourd'hui, l'enfant a des droits ; il ne doit pas se taire ; il est de son droit de prendre la parole quand il a quelque chose à dire.

Petit, quand j'intervenais en classe, je bafouillais, je bégayais, j'avalais les mots. Je n'arrivais pas à m'exprimer parce que j'avais peur. Je n'avais pas confiance en moi, j'avais peur qu'on se moque de moi.

Aujourd'hui, il n'y a aucune raison de ne pas prendre la parole et de participer au débat en classe. S'exprimer est un droit. Il faut l'exercer et ignorer les réactions stupides de certains.

à toi de jouer

Pourquoi, à ton avis, il ne faut pas hésiter à prendre la parole ?

*

→ TIMIDITÉ

La timidité n'est pas une maladie, ni un handicap infranchissable. La timidité, c'est la peur de s'afficher, de se montrer en public et de dire ce qu'on pense. Afin de ne pas courir le risque d'être contredit ou rejeté, on s'abstient d'intervenir, on rougit et on obéit à la peur.

La timidité est le signe d'un malaise, d'un manque de confiance en soi qui nous fait choisir le silence, l'effacement. Or, pour être présent parmi les autres, vivant, il ne faut pas se taire, il faut s'exprimer, il faut réagir. Sinon, on laisse les autres décider à notre place, on se sent mal à l'aise et on se retrouve seul. On regrette alors de s'être tu.

Cette peur qui nous fige, qui nous empêche d'agir n'est fondée sur rien. Pour la vaincre, il faut juste l'étudier, se demander : « De quoi ai-je peur ? » On voit très vite qu'elle est un voile, une apparence qui ne repose sur rien de réel. Elle est imaginaire.

Parfois, quand on est amoureux, la timidité nous empêche d'exprimer nos sentiments de peur d'être rejeté par l'autre et de se retrouver ridicule. On perd alors l'estime de soi.

Il faut apprendre à se débarrasser de la peur, quitte à s'entraîner à la maison avec ses frères et sœurs.

à toi de jouer

On a tous connu un moment de timidité ;
raconte ce moment.

*

→ VÉRITÉ

La vérité est ce qu'il y a de plus difficile à établir. Il faut pour cela des preuves incontestables. Mais quand on manque de preuves, on doit se contenter de ce qu'on croit ou de la parole de la personne en face.

Ainsi, tous les procès qui ont lieu dans des tribunaux consistent à établir la vérité. L'un dit : « Cet homme a tué son voisin » ; l'accusé dit : « Non, je n'ai tué personne » ; comment arriver à savoir si l'accusé est coupable ou innocent ?

Celui qui accuse doit apporter la preuve de ce qu'il affirme. Sinon, l'accusé reste innocent.

Tout accusé est « présumé innocent ». Cela veut dire : tant qu'on n'a pas démontré de manière évidente et claire qu'une personne est coupable, elle est considérée comme innocente. On ne doit pas la juger par avance.

La vérité historique, elle, est établie par le travail minutieux des historiens qui s'appuient sur des documents et des témoignages qui le recoupent. Sans ce travail, nous oublierions ce qui s'est réellement passé dans les siècles qui nous ont précédés.

Si tu veux connaître la date de la Révolution française, tu peux consulter un dictionnaire ou un livre d'histoire de France ou demander à ton professeur d'histoire. Aujourd'hui, il suffit que tu tapes sur le clavier de ton ordinateur les mots importants de ce que tu recherches et Google ou Qwant te donnent des centaines et même des milliers de pages d'information. Le tout est de savoir s'y retrouver…

La vérité est ce qui s'impose avec évidence pour tout le monde. Elle ne peut pas être relative, c'est-à-dire varier d'une personne à une autre ou d'un pays à un autre.

Quand on dit « le Soleil se lève à l'est », c'est une vérité absolue, valable tout le temps et partout. En fait, pour être précis, le Soleil ne se lève ni ne se couche, c'est un astre fixe par rapport à la Terre. C'est la Terre, en tournant autour de lui, qui nous donne l'impression qu'il se lève ou qu'il se couche. Le fait que la Terre tourne autour du Soleil explique les saisons, même si aujourd'hui les troubles du climat agissent sur les températures des saisons. On a connu en France des chaleurs excessives (jusqu'à 45,9 °C) au mois de juin 2019. Jamais la France n'a subit une telle canicule auparavant. Cela veut dire que la planète est malade à cause de la manière dont l'homme la traite.

Mais la vérité peut aussi poser d'autres problèmes à la réflexion. Parfois, on peut se demander s'il est judicieux de la communiquer.

Faut-il dire toujours la vérité ? Autrement dit, est-ce que toutes les vérités sont bonnes à dire ?

Cela dépend de la gravité de la situation. Si, en disant la vérité, on risque de causer un drame, on peut trouver un autre moyen pour sauver la situation. Parfois le **mensonge** peut être utilisé dans un but positif, comme quand on ne dit pas à un malade que son mal est grave et qu'il n'a plus que quelques mois à vivre. Cette vérité ne sert peut-être à rien ; elle ne va pas soigner le malade, elle va au contraire le plonger dans une tristesse infinie.

récit

Je me souviens d'un conte dans Les Mille et Une Nuits *où le personnage de Joha, naïf et malin à la fois, disait : « La vérité est ronde », « La vérité est plate », « La vérité est là », « La vérité s'est envolée », etc.*

Joha disait souvent leurs quatre vérités aux gens, c'est-à-dire qu'il leur parlait avec une grande franchise au point de les choquer.

Il était partisan de dire toujours la vérité même si elle devait blesser les gens.

à toi de jouer

Penses-tu qu'il faut toujours dire la vérité ?

*

→ MENSONGE

Mentir, c'est le fait d'affirmer quelque chose qu'on sait faux ou qui n'existe pas. On donne une fausse nouvelle, ou on prétend avoir fait telle chose qu'on n'a jamais faite ou avoir dit une parole qu'on n'a jamais dite. Mentir, c'est inventer un fait qui n'a jamais existé. Par exemple, dire : « J'ai visité New York », alors que ce voyage n'a jamais eu lieu.

Pourquoi ment-on? Pour se donner une importance qu'on n'a pas.

Les enfants apprennent à mentir car ils pensent que c'est une façon rapide d'obtenir ce qu'ils veulent. Mais cette attitude n'est pas propre aux enfants.

Dans le film *Les Quatre Cents Coups* de François Truffaut, le petit Antoine dit, pour justifier son absence à l'école la veille : « C'était ma mère... Elle est morte. » L'enseignant découvre ensuite que c'est un mensonge. Antoine a cru s'en sortir par une fausse information.

Pourtant, on ne construit rien sur le mensonge.

Au contraire. Le mensonge a pour conséquence de détruire la confiance entre les personnes. Si tu mens à quelqu'un (un ami, un parent, ton professeur), comment pourra-t-il continuer à te faire confiance? Or la confiance est primordiale. Faire confiance à quelqu'un, cela implique qu'on croit ce qu'il nous dit. On ne va pas vérifier. On ne doute pas de la parole de la personne en qui on a confiance.

Il y a le mensonge qui consiste à affirmer quelque chose contraire à la vérité. Mais il y a aussi un autre type de mensonge : le mensonge par omission. On omet, on oublie de dire la vérité, on n'informe pas la personne qui nous fait confiance, par manque de courage souvent, pour éviter d'en subir les conséquences. C'est un mensonge plus pernicieux,

car il est muet, il est silencieux. Omettre, c'est oublier intentionnellement. On peut manquer de morale aussi bien dans le silence que dans l'**action**.

Le mensonge est un défaut à plusieurs nuances qui peuvent aller de légères à très graves, mais il reste un défaut où on perd la face.

à toi de jouer

Penses-tu qu'il existe de « bons » mensonges, des mensonges nécessaires ?

*

→ PROPAGANDE

La propagande est l'art de vendre le mensonge.

Des hommes politiques ont souvent recours à la propagande pour se faire élire. Ils promettent des choses dont ils savent bien qu'une fois élus, ils ne les respecteront pas. Comme on dit, « les promesses n'engagent que ceux qui les croient ».

La propagande est différente de la publicité qui, elle aussi, peut mentir. La publicité cherche à rendre visible un produit en utilisant tous les supports possibles. Dans les magazines, à la radio, à la télévision, sur Internet, elle diffuse des messages pour faire connaître un produit dont elle vante les qualités (supposées).

Il existe ce qu'on appelle la « publicité mensongère », la publicité qui ment sur les qualités ou les performances du produit qu'elle met en avant. Elle est interdite par la loi.

Mais rien n'arrête les publicitaires car, quand on veut vendre, on est prêt à tout. C'est pour cela qu'il faut être très méfiant à l'égard de la publicité. Ne croyez pas tout ce qu'elle raconte ! Le but est de vous pousser à consommer à tout prix. Or la consommation excessive nuit à l'environnement et détruit peu à peu la planète (certains possèdent plusieurs voitures, d'autres abusent de la climatisation, des usines rejettent des déchets dans l'eau, etc.).

Le doute et la méfiance sont donc nécessaires. Soyez des consommateurs et des citoyens intelligents. Ne croyez surtout pas aux messages de la publicité et de la propagande.

à toi de jouer

Repère autour de toi une publicité mensongère.

*

→ AGIR

L'action est le propre de l'homme qui pense.

Agir, c'est oser. Agir, c'est faire.

La vie est mouvement, action.

Agir, c'est refuser d'être passif et de subir. Ainsi, chaque matin, il faut se lever et travailler.

Mais agir ne consiste pas à faire n'importe quoi. On agit en réfléchissant à ce qu'on fait.

Être passif, rester les bras croisés, ne pas bouger, est une attitude néfaste, dangereuse. Car si tu ne fais rien, si tu n'agis pas, tu laisses aux autres le soin d'agir à ta place, ce qui est inadmissible car tu existes et tu dois participer à la vie.

Quand on dit que tel ou tel est un homme d'action, cela veut dire que c'est quelqu'un qui se met au travail concrètement et peut éventuellement changer une situation par son action.

Les gens qui, le jour des élections, s'abstiennent et restent chez eux n'ont pas le droit ensuite de se plaindre si celui ou celle qui a été élu ne leur plaît pas. Voter est une action positive, elle fait de nous des citoyens responsables ; nous participons à l'organisation de la vie politique. Nous faisons entendre notre voix.

Celui qui agit, qui est dans l'action est quelqu'un de pragmatique (*prâgma*, en grec, veut dire « action »).

Être un « homme d'action » veut dire être un homme actif, vivant, qui n'attend pas que les choses se fassent toutes seules. Il agit pour le climat et la biodiversité, par exemple. La **biodiversité**, c'est l'ensemble des êtres vivants se trouvant sur la planète : des êtres humains, des milliers d'espèces animales, des plantes, des insectes, bref, tout ce qui est vivant et qu'il faut protéger.

récit

Un pasteur allemand qui s'appelait Martin Niemöller s'interrogea sur l'inaction de ses compatriotes face au nazisme (idéologie politique créée par les Allemands durant la Seconde Guerre mondiale, selon laquelle tous les Juifs, les communistes, les syndicalistes, etc. devaient être tués). Dans un petit poème, il écrivit ceci :

« Quand ils sont venus chercher les communistes, je n'ai rien dit, je n'étais pas communiste. Quand ils sont venus chercher les syndicalistes, je n'ai rien dit, je n'étais pas syndicaliste. Quand ils sont venus chercher les Juifs, je n'ai rien dit, je n'étais pas juif. Quand ils sont venus chercher les catholiques, je n'ai rien dit, je n'étais pas catholique. Quand ils sont venus me chercher, il ne restait plus personne pour me défendre. »

à toi de jouer

Qu'est-ce que ce récit t'apprend ?

*

→ EFFORT

Il faut se méfier des choses qu'on obtient facilement, sans fournir d'efforts. Rien n'est gratuit. Il faut travailler, il faut agir et entreprendre ce qui est nécessaire pour obtenir ce qu'on veut.

Celui qui laisse venir à lui les choses, par paresse ou par calcul, se trompe. Ce qu'on appelle « le moindre effort » est mauvais et ne rend pas service à l'homme.

Diogène, un philosophe grec de l'Antiquité, disait : « Ce qu'il y a de meilleur, c'est la peine. » Il ne s'agit pas de la peine subie, mais de celle qu'on a voulue, qu'on a acceptée pour atteindre un but.

Parmi les choses que les hommes désirent le plus obtenir, il y a l'argent. L'argent se gagne-t-il toujours par le travail et l'effort?

On parle d'« argent facile » pour l'argent gagné sans effort, sans se fatiguer, par exemple de manière illégale. Je vous donne un exemple extrême qui, heureusement, n'est pas très fréquent : l'argent qu'on gagne avec de la drogue. L'argent de la drogue est un argent facile. On ne fait pas d'effort pour le gagner, on se contente de vendre à un prix très élevé une drogue qui peut avoir pour conséquence de tuer celui ou celle qui la consomme. Cet argent facile est dangereux, car à la moindre faute ou erreur, on est durement puni, et parfois on est tué.

Il faut se méfier de ce qui est facile. En fait, la facilité qui nous épargne un effort est la pire des choses, car tôt ou tard, elle se paye. On ne bâtit rien sur la facilité.

Il y a aussi l'argent de poche que certains parents ou grands-parents donnent à l'enfant. Quand il est raisonnable, cela ne pose pas de problème, mais quand il consiste en de grosses sommes, là, ça pose un problème à l'enfant qui ne connaît pas la valeur de l'argent et la valeur des choses. C'est gâter un enfant et lui donner des mauvaises habitudes.

L'effort permet aussi de développer notre intelligence. Il la met à l'épreuve. Car l'intelligence est la capacité de trouver des solutions à des problèmes et d'innover, d'inventer.

Est-on obligé de fournir des efforts en tant qu'élève ?

Naturellement. On ne peut pas compter uniquement sur son intelligence pour faire tel ou tel exercice : quand le professeur te demande de situer une capitale sur la carte, si tu ne l'as pas appris avant, tu ne peux pas l'inventer et compter sur ta seule intelligence.

Il faut donc apprendre ses leçons et mémoriser leur contenu, et surtout réfléchir par soi-même.

Certains élèves font confiance à leur intelligence et refusent tout effort. Or, c'est en utilisant ses forces pour acquérir une chose, c'est en étant actif et dynamique qu'on développe ses dons naturels comme l'intelligence.

Être intelligent, c'est bien ; apprendre en faisant un effort, c'est encore mieux.

à toi de jouer

Commente ce proverbe : « Il vaut mieux apprendre à pêcher à quelqu'un plutôt que de lui donner un poisson. »

*

→ MAL

Le mal peut être considéré sur un plan physique et sur un plan moral. Parfois, les deux sont associés.

Si tu es piqué par une guêpe ou si tu as une rage de dents, tu ressens une douleur physique.

Mais si tu es frappé par quelqu'un, un camarade de classe ou un adulte, à la douleur physique s'ajoute une douleur morale parce que les coups reçus sont l'expression d'une injustice. Tu te demandes : Qu'est-ce que j'ai fait pour qu'on me traite comme ça ?

Avoir mal à la tête ou au ventre est la manifestation d'un problème de santé. Ce mal-là n'est exercé par personne. Il est naturel. Si tu as mangé un aliment de mauvaise qualité, le corps réagit et te le fait savoir par des douleurs qui te conduisent à consulter un médecin.

Quand le mal est fait par un homme ou un groupe d'hommes, ils en sont responsables et peuvent être jugés pour cela.

Le mal existe partout dans l'humanité. Un même homme peut être bon dans certaines circonstances et mauvais dans d'autres. Le **bien** et le mal coexistent en effet dans la même personne. On n'est pas que bonté ou que méchanceté. On réagit devant la vie selon son caractère, selon ce qu'on a vécu ou subi. Par contre, nous avons tous la possibilité de distinguer ce qui est bien de ce qui est mal, ainsi que le devoir de choisir.

L'origine du mal reste difficile à expliquer. Mais il faut savoir que le mal existe ; il est souvent l'expression d'une injustice. Dans certaines religions, on attribue son existence au diable, Satan, l'ennemi de Dieu.

Le mal d'ordre physique est facile à repérer et parfois à éviter.

Le mal moral, lui, est plus dangereux car il ne se voit pas tout de suite. Il peut prendre des chemins détournés avant de frapper. Pourquoi ? Parce que l'homme est compliqué et qu'il tente d'avoir par la force, par la violence et l'injustice ce que la nature ou son travail ne lui ont pas donné.

Il y en a qui font le mal par intérêt ou par plaisir. D'autres par ignorance.

Sache que le mal n'est jamais en repos, qu'il est toujours prêt à se manifester. Il vaut mieux le savoir pour ne pas être surpris et être préparé à l'affronter.

à toi de jouer

Comment te représentes-tu le mal ? Est-ce que la méchanceté, la volonté de faire le mal est lisible sur les visages ? Ou bien le mal est-il difficile à repérer tant il est banal ?

*

→ BIEN

Le bien est le contraire du mal.

Le philosophe Jean-Jacques Rousseau pensait que l'homme naît dans l'innocence, c'est-à-dire bon, et que c'est la société qui le rend mauvais.

Un enfant qui vient de naître n'est ni bon ni mauvais. C'est en grandissant qu'il va découvrir ce qui est juste ou pas, ce qui est bien ou pas. Pour cela, il a besoin d'être accompagné et aidé à devenir autonome dans ses jugements.

L'être humain a des dispositions pour faire le bien. Mais tout dépendra de l'éducation qu'il va recevoir, des fréquentations qui vont être les siennes et des influences qu'il va subir.

Car une dérive vers le mal est possible, selon l'environnement dans lequel on vit et nos habitudes de comportement. Il est alors difficile de lutter pour revenir vers le bien.

La bonté, en effet, est une volonté. On veut faire le bien parce qu'on est convaincu qu'on est au monde pour venir en aide à ceux qui en ont besoin.

Cette volonté, il faut savoir la faire surgir et l'encourager.

Les gens peuvent être solidaires dans certaines situations. Rien ne les y contraint, mais ils peuvent s'y sentir obligés intérieurement. Ils oublient leur égoïsme et font des dons pour faire avancer la recherche en médecine, par exemple. Parfois, ils s'investissent dans des actions pour les personnes dans le besoin. Dans certaines écoles françaises, les enfants font preuve de solidarité en envoyant des livres ou des fournitures scolaires à des enfants de pays pauvres, notamment dans certains pays africains.

On peut être bon individuellement et bon collectivement. Un des domaines où nous devons nous engager, c'est l'état de la planète, notre environnement immédiat. Ne jamais perdre de vue que la santé de la Terre dépend de notre façon de la traiter et de nous comporter. C'est aussi de notre santé qu'il s'agit.

Dans certaines toilettes, une pancarte avertit ceux qui vont les utiliser : « Prière de laisser ce lieu aussi propre que lors de votre arrivée. » On ne peut pas salir la Terre et dire « ça ne me regarde pas ». La bonté consiste aussi à se préoccuper de l'avenir de ceux qui viendront après nous, parce que nous ne sommes pas les propriétaires du monde.

Ne jamais oublier d'être reconnaissant envers la personne qui vous a aidé, qui vous a rendu des services.

récit

Un conte qui contredit le conseil que je viens de te donner :

Il était une fois une jolie jeune fille qui hésitait entre deux jeunes hommes, tous les deux très beaux, bien éduqués, instruits, prêts à faire son bonheur.

Les deux l'aimaient. Elle voulait être aidée dans son choix par son père.

Le père lui dit : « Invite les deux jeunes hommes à passer la journée avec moi à la plage. »

Le père et les deux prétendants partirent à la mer. Le père posait un regard d'observateur sur chacun. Lui-même n'arrivait pas à distinguer lequel était le plus valeureux des deux.

À un certain moment, le père partit nager. Un courant froid l'attirait vers le fond. Il appela au secours. L'un des deux jeunes hommes se précipita et sauva le père de la noyade.

Le soir, le père dit à sa fille : « Je sais à présent à qui je donnerai ta main ; à celui qui ne m'a pas sauvé la vie.

— Pourquoi ?

— Parce que celui qui m'a sauvé, je lui serai toute ma vie redevable. »

Moralité : il faut aider les gens sans penser à un intérêt, à ce que cela pourrait te rapporter.

à toi de jouer

Penses-tu qu'on doit faire des efforts pour être dans le bien ?

*

→ ENNUI

Le grand écrivain La Bruyère a dit : « L'ennui est entré dans le monde par la paresse. »

Un enfant qui n'a rien à faire, qui ne veut rien faire, qui trouve que le temps passe lentement, qui ne supporte pas cet état où rien ne trouve grâce à ses yeux est un enfant qui s'ennuie. On dit de celui qui s'ennuie qu'il « se tourne les pouces ». Ce geste inutile exprime l'oisiveté (ne rien faire) et donc l'ennui.

Quand on n'a rien à faire, on est comme une mouche qui s'agite au fond d'un bocal fermé. Elle tourne en rond, bourdonne sans cesse.

L'ennui en lui-même n'est rien et dépend de la façon dont on le vit. Il n'existe que pour celui qui n'a envie de rien faire, qui ne trouve pas de quoi remplir les heures qui passent.

Pourtant dans la vie, il faut apprendre à accepter ces moments de creux, de vide, où notre esprit est fatigué et manque de vivacité. Ce n'est pas grave de s'ennuyer. Il ne faut pas que cela devienne une habitude et le temps de l'ennui n'est pas forcément celui du désœuvrement total.

S'ennuyer est une façon de reposer ou d'utiliser différemment son imagination et son intelligence. On fait une pause. On décide de ne rien entreprendre et si c'est parce que l'envie n'est plus là, sachez qu'elle reviendra tôt ou tard.

Quand on se met au lit pour dormir et que le sommeil ne vient pas, on est dans un état qu'on peut appeler « ennui », parce qu'on attend quelque chose qui ne vient pas et on ne sait quoi faire pour que cela arrive. Cela s'appelle l'insomnie. C'est du temps perdu. Car quand la grande insomnie s'installe, on est incapable de faire autre chose – par exemple, lire, écrire, dessiner – que d'espérer le sommeil, de l'attendre. Généralement cet ennui pesant finit par fatiguer le corps et l'esprit ; après, on tombe de sommeil.

L'ennui s'installe en **silence**. Il ne prévient pas.

à toi de jouer

Comment apprendre à s'ennuyer d'après toi ? Comment faire de l'ennui un outil pour mieux apprécier la vie ?

*

→ SILENCE - BRUIT

Le silence est l'absence totale du bruit. On en a besoin pour réfléchir, pour écrire, pour apprendre sa leçon, pour méditer, pour prier, pour écouter de la musique, etc.

En classe, le professeur réclame tout le temps le silence pour pouvoir faire son cours en toute tranquillité. La pensée a besoin de ce silence pour se développer et s'exprimer.

Dans un premier temps, on peut se dire qu'il n'y a pas de vie humaine sans bruit.

Le bruit est signe de vie (quelqu'un est vivant tant qu'on entend les battements de son cœur et le souffle de sa respiration), mais il devient rapidement une gêne pour celui qui apprend quelque chose ou qui fait un travail demandant une grande attention.

Respecter le silence est une attitude d'être civilisé qui tient compte du confort des autres.

Quelqu'un qui augmente le son de la radio ou de la télé se moque de la tranquillité de son voisin. Il fait preuve d'égoïsme et de manque de politesse.

Le bruit en général est une perturbation de la paix et de la tranquillité. Dans nos villes, il devient difficile d'entendre le chant des oiseaux ou le vent dans les arbres parce que, justement, il n'y a plus que du bruit, par exemple, le bruit des motos ou des marteaux-piqueurs, qui creusent dans la rue. Il peut avoir un effet déstabilisateur, c'est-à-dire qui bouleverse l'équilibre dont on a besoin pour réfléchir et pour agir.

Quand on veut endormir la conscience des gens et exercer sur eux une fascination, on transforme les paroles en bruit, on utilise des slogans qui sont hurlés à travers des haut-parleurs et répétés comme des incantations de magicien. C'est ce que faisait Hitler quand il rassemblait la foule pour prononcer ses discours. Le bruit est un indice de la violence et de la guerre. Le bruit n'a pas besoin de phrases et de mots. Il suffit de lancer des slogans que la foule répète. Avec la violence du bruit, la pensée est gênée et ne se développe pas.

Il y a aussi le bruit de la joie et de la fête. Celui-ci est le signe d'un bien-être, et peut-être de bonheur.

L'écrivain Sacha Guitry disait : « Lorsqu'on vient d'entendre un morceau de Mozart, le silence qui lui succède est encore de lui. »

à toi de jouer

Quel est le bruit que tu aimes ?
Quel est le bruit que tu détestes ?

*

AMITIÉ

C'est sur les bancs de l'école que naissent nos premières relations d'amitié.

L'amitié est un état où je sens que celui qui est en face de moi peut me comprendre et que je peux aussi le comprendre, je peux lui faire confiance et il peut me faire confiance, je peux lui révéler un secret et je sais qu'il va le garder pour lui. Je découvre chez lui quelque chose qui rend ce lien possible, c'est ce qu'on appelle des « affinités », c'est-à-dire des possibilités de voir les choses de la même manière. On a les mêmes intérêts, les mêmes curiosités et on est rempli par la même joie ; on est triste à cause des mêmes choses. On aime les mêmes musiques, les mêmes livres, les mêmes films, etc. On peut avoir des désaccords, mais l'essentiel est qu'on se trouve souvent sur la même longueur d'onde.

Je sais que quand je pense à lui, il pense aussi à moi.

L'amitié a besoin de temps pour se construire. Il faut parfois passer par des épreuves pour tisser ce lien. On peut facilement se tromper et croire en une amitié qui n'existe pas vraiment.

L'amitié se cultive, comme une plante, comme un arbre.

L'amitié, c'est savoir mettre entre parenthèses son égoïsme. Et on est **égoïste** quand on ne pense qu'à soi-même et qu'on oublie les autres. Dans l'amitié, on pense aussi bien à soi qu'à l'autre. On est dans le partage. On partage quelque chose qu'on désire avoir en commun.

L'amitié ne doit pas reposer sur des intérêts. Par exemple, vouloir être ami avec mon voisin parce qu'il va me prêter de l'argent, sa console de jeux ou qu'il va faire les devoirs à ma place, etc. Aucun lien solide ne se construit sur ce genre d'intérêts.

Autrement dit, en amitié, on est ensemble gratuitement. On peut se faire prêter de l'argent, par exemple quand on a oublié son argent à la maison (on le rendra ensuite), mais on n'est pas amis parce que l'autre est plus riche que nous et qu'on pourrait en profiter.

Évidemment, l'amitié est différente de l'amour parce qu'il n'y a pas d'attirance physique, donc sexuelle, entre les deux ami(e)s.

L'amitié est ainsi une sorte d'amour sans sexualité, sans attirance physique.

Il y a aussi l'amour d'une mère pour son enfant. C'est l'amour filial.

L'amitié est un don rare et précieux qu'il faut savoir garder et préserver parce que c'est le meilleur rempart contre la **solitude**, l'abandon, le rejet, l'exclusion.

récit

Quand j'étais petit – je devais avoir 10, 11 ans –, j'ai planté un arbre à la sortie de la ville. Tous les élèves de mon école avaient planté chacun un arbre. Depuis, je suis devenu l'ami des arbres. Partout où je vais, je m'inquiète de leur santé. Un arbre vivant, c'est un ami qui non seulement te donne de l'ombre, mais peut aussi te nourrir et te permettre de respirer un air pur.

à toi de jouer

Aujourd'hui, les gens ont parfois des centaines d'« amis » sur les réseaux sociaux. Mais est-ce que ce sont réellement des amis ? Dans ta liste, qui contient peut-être énormément de noms, demande-toi qui serait là pour t'aider à déménager ? Pour qui est-ce que tu prendrais le train afin de passer un week-end ensemble ? Qui connaît ta chanson préférée ou se rappelle le nom de ton chien ? Qui pense à toi en n'envoyant pas un message groupé au Nouvel An mais en personnalisant son attention ?

*

→ SOLITUDE

Quand on est « sans famille », comme le petit Rémi dans le roman d'Hector Malot, recueilli par M. et Mme Barberin, ou Cosette dans *Les Misérables* de Victor Hugo, on fait très tôt l'expérience de la solitude. Même si ces enfants vivent avec d'autres personnes, au fond, ils sont seuls, car leur destin est particulier et ne ressemble pas à celui des autres enfants qui vivent chez leurs parents.

Il existe dans des pays comme le Brésil, le Maroc ou l'Égypte, entre autres, ce qu'on appelle des « enfants des rues ». Ce sont des enfants qui ont été abandonnés par leurs parents, ou qui ont perdu leurs parents et se sont retrouvés sans personne pour s'occuper d'eux. Ils sont jetés à la rue et tentent de survivre dans la misère, l'injustice et l'abandon. C'est le pire état de la solitude. Car ces enfants sont livrés à eux-mêmes et courent un grand danger. N'importe qui pourrait abuser d'eux ou les mettre en esclavage.

Quand on est écarté d'un jeu ou d'une sortie par d'autres enfants, on est exclu, on est rejeté, là, on ressent physiquement ce qu'est la solitude. On est isolé et personne ne vient à notre secours. Ce sentiment est dur. Être rejeté, être poussé vers la solitude, c'est s'entendre dire : « On ne t'aime pas, on ne veut pas de toi, va-t'en ! » Cela ne peut pas se justifier. Mais il arrive que des enfants décident de faire du mal à l'un d'entre eux en lui faisant sentir concrètement qu'il n'est pas désiré par le groupe et qu'il est condamné à être seul. Ils le rejettent en lui faisant comprendre qu'il ne mérite pas d'être avec eux, de jouer avec eux, de partager des moments avec eux. C'est une sorte de punition injuste. C'est de la méchanceté. Ce rejet est souvent un phénomène collectif. Dans certaines classes, il y a parfois un « souffre-douleur », une victime désignée sur laquelle on s'acharne.

Il y a la solitude subie, mais il y a aussi la solitude choisie.

Un enfant peut exprimer le vœu de rester seul dans sa chambre parce qu'il fait ce qu'il aime – lire ou jouer à la console, écrire, dessiner, etc. C'est un choix ; c'est lui qui décide de se retirer et de rester seul, au moins pendant un certain temps.

C'est aussi le cas des artistes qui travaillent dans une grande solitude : un musicien, un écrivain, un peintre ont besoin de solitude pour créer en toute tranquillité. Cette solitude est positive ; elle est nécessaire pour imaginer et inventer.

Un chercheur a lui aussi besoin de cette solitude.

Par exemple, Pasteur, ce grand savant qui a mis au point des vaccins, réfléchissait seul mais travaillait en équipe. Il a fait des découvertes en travaillant en équipe, notamment sur la fermentation. Tous les grands savants ont une équipe derrière eux.

Il y a aussi un autre type de solitude : celle qu'on ne peut pas partager : c'est celle qu'on ressent quand on est malade, malgré l'affection que nous expriment notre famille et nos amis, on est seul à souffrir.

Enfin, il y a la solitude de l'âge avancé.

En Europe, en Amérique, la société a condamné à la solitude les vieilles personnes qui ne sont plus utiles ; elles ne travaillent plus et n'apportent plus rien aux uns et aux autres. Elles se retrouvent dans des établissements de soin où on les oublie. C'est un drame.

L'été 2003, plus de dix-neuf mille personnes âgées sont mortes en France à cause de la canicule et aussi de la solitude, car certaines parmi elles ont été abandonnées par leurs enfants partis en vacances. Une société qui traite si mal les personnes âgées, malades, en fin de vie, est une société qui a perdu la valeur et le sens de la solidarité familiale.

Il existe des sociétés où les personnes âgées sont davantage respectées et vivent entourées de leurs enfants et petits-enfants. C'est le cas au Maghreb et dans la plupart des pays d'Afrique. Cette manière de prendre soin de ses proches est une forme d'amour.

N'oubliez pas, lorsque vous serez grands, si vous vous conduisez mal avec vos parents, vos enfants eux aussi pourraient mal vous traiter.

à toi de jouer

On dit qu'« il vaut mieux être seul que mal accompagné » ; acceptes-tu de fréquenter quelqu'un que tu n'estimes pas pour éviter l'épreuve de la solitude ?

*

→ AMOUR

L'amitié est une forme d'amour.

Mais quand on parle d'amour, on sous-entend qu'il existe une attirance, mentale et physique, d'une personne pour une autre. C'est l'amour charnel. L'amour s'exprime et s'accompagne par le désir : être avec l'être aimé rend heureux.

Souvent, on confond l'amour, qui est un état positif, un bienfait, avec la possession. Chercher à posséder l'être aimé, c'est tenter d'abolir sa liberté et faire preuve d'égoïsme.

Il y a plusieurs états dans l'amour.

Il y a l'amour fou connu sous le mot de « **passion** ». On est totalement obsédé par l'autre personne. On pense tout le temps à elle, on veut être avec elle. On ne lui trouve que des qualités, on la met au-dessus de tout, on la préfère à toutes les autres personnes qu'on connaît, bref, on est amoureux fou, c'est-à-dire qu'on ne possède plus sa raison et son jugement. Tout ce qui nous arrive tourne autour de cet être, on pense que c'est pour la vie et que jamais ce sentiment si fort ne connaîtra de fin.

L'effet amoureux le plus vif (on dit souvent « coup de foudre ») est passager, mais l'amour vrai dure pour toujours, on dit même qu'il est éternel quand on veut exprimer la puissance de ce qu'on ressent.

Être amoureux est tout à la fois une joie et une inquiétude. On est heureux d'être aimé et d'aimer, mais en même temps on sait qu'à n'importe quel moment l'amour peut baisser d'intensité ou même disparaître. Comme on ne commande pas l'amour, on ne peut pas non plus l'obliger à être toujours là avec la même force, la même intensité. Comme chante Charles Aznavour : « L'amour c'est comme un jour, ça s'en va, ça s'en va, l'amour… »

Aimer, c'est donner et espérer recevoir.

Aimer, c'est se construire à travers le regard bienveillant de l'autre, celui ou celle qu'on a choisi.

Il y a l'amour naturel, lorsqu'on aime ses parents, ses frères et sœurs et qu'on est aimé par eux en retour. Mais ce n'est pas toujours évident et automatique. Certains souffrent du manque d'amour de la part de leur père ou de leur mère ou des deux à la fois. Si on ne reçoit pas cet amour, on souffre et on a du mal à se construire.

Entre frères et sœurs il y a bien sûr de l'amour, mais aussi parfois de la jalousie et de l'envie.

Pour aimer l'autre, il faut d'abord s'aimer soi-même. Il ne faut pas s'aimer avec excès ou n'aimer que soi, mais quand on s'aime bien, de manière naturelle, c'est-à-dire qu'on s'accepte tel qu'on est, quand on est bien dans sa peau, on peut donner de l'amour aux autres. En ce sens, ce n'est pas mauvais d'être un peu **narcissique**, mais il ne faut pas l'être trop.

à toi de jouer

Tu es riche. Tes parents sont riches et ils sont généreux avec toi. Tu viens de rencontrer une personne que tu peux aimer. Vas-tu mettre en avant le fait que tu es riche au moment de ta déclaration ? Qu'est-ce qui pourrait te retenir de le faire et pourquoi ?

*

→ NARCISSISME

Le narcissisme vient du personnage de Narcisse. Dans la mythologie grecque, Narcisse était un jeune homme très beau. Sa mère lui dit : « Tu vivras longtemps à condition de ne jamais voir ton image. » Elle-même tient cette révélation d'un devin.

Mais, poussé un jour par la soif, il se pencha sur une source d'eau claire où il découvrit son image et tomba amoureux d'elle. On dit aussi qu'il aimait tellement son image qu'il se mirait tout le temps dans l'eau calme qui lui servait de miroir jusqu'au jour où il s'y noya. Le nom de Narcisse a donné le mot « narcissisme », qui désigne le fait de s'aimer trop au point de perdre toute mesure des choses.

Mais il ne faut pas rejeter totalement le narcissisme, car il faut bien s'aimer un peu pour pouvoir aimer les autres. Si on se déteste, si on trouve qu'on est moche et sans intérêt, si on n'a pas confiance en soi, on est sûr de gâcher toute possibilité de relation épanouie, on est alors incapable d'aimer les autres, de s'intéresser à eux et d'accepter d'avoir des relations avec eux, amicales ou amoureuses. Il faut savoir être un peu narcissique sans exagérer.

à toi de jouer

On dit que pour aimer les autres, il faut s'aimer soi-même. Peux-tu me dire jusqu'à quel point on devrait s'aimer soi-même ?

*

BEAUTÉ

En principe, ce qui est beau est évident. Cela s'impose au regard. Pourtant chacun a ses critères de beauté. Mais de quelle beauté parlons-nous ? Il y a évidemment la beauté physique, plastique, celle du corps, du visage, des traits, et puis il y a la beauté de l'âme, celle-là est intérieure et n'est pas tout de suite visible ou repérable.

De grands artistes, par exemple les sculpteurs de l'Antiquité grecque, semblent avoir voulu nous indiquer certains critères de la beauté, comme l'harmonie (l'équilibre des formes et des volumes).

La beauté est une affaire personnelle, subjective, relative.

Personnelle, cela veut dire que chacun se fait une idée de ce que doit être le beau.

Subjective, parce que la beauté fait l'objet d'une opinion. Je me dis : « Moi, je suis sensible à ce paysage ou à cette personne. » C'est mon point de vue.

Relative, car il n'y a pas de beauté absolue, même si tout le monde s'accorde sur le haut niveau de beauté d'une œuvre d'art ou d'une personnalité qui a brillé par sa générosité, son courage et le bien qu'elle a fait à l'humanité. On peut par exemple considérer que la vie d'un apôtre de la non-violence comme Gandhi, ou celle d'un militant pour les droits humains et contre le racisme comme Mandela, est une belle vie.

On peut aussi considérer qu'une peinture de Picasso comme *Les Demoiselles d'Avignon* est d'une grande et évidente beauté.

La beauté, comme on dit, « ça se discute » et parfois ça s'impose. La **laideur**, c'est autre chose.

à toi de jouer

On dit que la beauté est appréciée de manière relative. Penses-tu qu'il existe une beauté absolue, une personne ou une œuvre d'art que tout le monde trouve belle ?

*

→ LAIDEUR

On peut dire que la laideur est le contraire de la beauté, mais cela ne signifie pas grand-chose. Comme la beauté, la laideur est perçue de manière subjective. C'est une question de goût, c'est relatif, c'est-à-dire que cela dépend du tempérament et de la culture de celui qui juge que telle chose est belle ou laide.

La beauté comme la laideur peuvent susciter des émotions. Dans un cas on est satisfait, heureux, dans l'autre on est rebuté, on est dérangé, on est désemparé et déçu.

Il est plus facile de juger de la laideur des objets que de celle des personnes.

Un immeuble construit n'importe comment peut être laid. La forme d'un meuble ou d'un véhicule peut être laide et on peut le constater sans qu'on soit blâmé.

En revanche, quand il s'agit de la forme physique d'une personne, que cette forme ne correspond pas aux critères généraux de ce qu'on appelle beauté, cela devient délicat parce qu'on risque de blesser cette personne. Ainsi, il vaut mieux ne jamais faire de commentaire sur le physique des gens : ils ne sont pas responsables de la manière dont la nature les a faits.

La laideur morale, elle, est tout à fait condamnable ; quelqu'un qui se conduit mal avec une autre personne, qui la maltraite, l'humilie, la vole, la viole ou la persécute fait preuve d'un comportement inadmissible qui relève du racisme, de la haine, de l'injustice et du mépris.

Cette laideur-là, il ne faut pas hésiter à la dénoncer et à la condamner. C'est une **violence** faite aux autres.

à toi de jouer

Qu'est-ce qui est préférable : la laideur physique avec une âme bonne, ou bien une laideur intérieure avec un corps beau ?

*

→ VIOLENCE

La vie est violence ; ce qui est vivant est forcément violent dans la mesure où un être vivant respire, travaille, marche, court et réalise des choses. Il doit se battre pour trouver sa place dans la société et c'est ainsi qu'il peut devenir violent.

La vie n'est pas, comme on dit parfois, « un long fleuve tranquille ». Même quand la nature est paisible, on sent qu'elle est animée parce qu'elle est vivante. Les plantes, les arbres respirent, luttent contre les intempéries. Savez-vous que les arbres communiquent entre eux? Certains arbres se défendent contre les animaux qui viennent brouter leurs feuilles en sécrétant un liquide amer qui les fait fuir ! Cela est une forme de défense.

On peut parler de la violence de la vie, la violence de la nature (un volcan qui se réveille, une terre qui tremble, une rivière qui sort de son lit, des pluies diluviennes, des ouragans, des typhons, bref, des catastrophes qui bouleversent la vie des hommes), et puis il y a la violence des hommes, qui peut être pernicieuse et sourde. Un homme en colère entre en fureur parce que les choses ne se passent pas comme il l'a décidé. La colère est une des expressions de la violence que tout homme a en lui.

La vie est un combat. Rien n'est donné gratuitement. Il faut travailler pour avoir droit à un salaire. Il faut faire des efforts pour escalader les échelons de la vie sociale et professionnelle. Il faut être persévérant.

Certains décident d'avoir ce qu'ils désirent par des voies illégales. Ils optent pour la violence, c'est-à-dire pour l'usage de la force et de la **brutalité**.

à toi de jouer

Penses-tu que la violence est inévitable dans la vie ?
Ne pas recourir à la violence est-il une forme de faiblesse ?

*

→ BRUTALITÉ

La brutalité, c'est de la violence féroce et sans pitié.

Être brutal, c'est traiter l'autre sans ménagement, n'accorder aucune attention à la personne à laquelle on s'adresse. On est brutal quand on est intransigeant, c'est-à-dire qu'on ne discute pas, qu'on n'admet aucun compromis, aucune concession, qu'on ne veut rien savoir. L'homme brutal ne discute pas, n'annonce pas ce qu'il va faire. Il frappe sans prévenir et sans tenir compte des conséquences de son action.

La brutalité est dans la nature. Les animaux sont capables de brutalité eux aussi, quand ils sont attaqués et qu'on cherche à leur prendre leur nourriture. Mais le plus souvent, ils n'exercent la brutalité que s'ils y sont obligés. Il arrive parfois qu'un renard tue dix poules et n'en mange

qu'une seule. Les animaux ne se font pas la guerre au sens exact où on l'entend pour les hommes.

Cependant, même les guerres ont des règles et des lois. Elles sont définies par la communauté internationale dans des accords signés par de nombreux pays.

Le massacre des innocents, par exemple, brûler des gens parce qu'ils sont juifs, ou tuer des personnes parce qu'elles appartiennent à un autre groupe (par exemple, le massacre des Tutsis par les Hutus au Rwanda, en 1994), est une forme évidente et extrême de la brutalité. La violence devient aveugle et criminelle.

à toi de jouer

En latin, *brutus* veut dire « stupide, grossier » et le mot servait aussi autrefois à désigner l'animal, considéré comme sans intelligence. Quand tu es brutal, en gestes ou en paroles, t'arrive-t-il de te sentir « bête » après ? Que ressens-tu alors ?

*

→ GÉNOCIDE

Un génocide, c'est la destruction systématique et brutale d'un groupe humain, d'une ethnie, des adeptes d'une religion, etc. Celui qui décide de commettre un génocide met en chantier « une solution finale et définitive ». Durant la Seconde Guerre mondiale, Hitler avait l'intention de tuer tous les Juifs dans le monde. C'était son obsession, son programme. Il a fait tuer six millions d'êtres humains du seul fait qu'ils étaient juifs. C'est ce qu'on appelle la Shoah, un mot hébreu qui signifie « anéantissement ». Anéantir veut dire détruire de manière définitive et radicale.

Avant le génocide des Juifs, il y a eu d'autres exterminations d'ethnies, comme les Indiens d'Amérique, les Arméniens (1915-1917), les Cambodgiens (1975-1979) et plus récemment la communauté tutsie au Rwanda (1994).

Le génocide est un crime contre l'humanité. Rien ne peut l'effacer et la justice peut poursuivre ceux qui le commettent sans limite dans le temps.

Il existe un tribunal pénal international à La Haye qui poursuit les auteurs de crimes dans un conflit armé. Ce tribunal a l'aval des Nations unies, mais n'est pas reconnu par les États-Unis. Il a jugé des criminels de guerre de l'ex-Yougoslavie, du Rwanda et de certains pays d'Afrique.

à toi de jouer

Peux-tu citer un seul génocide dû à des animaux ?

*

→ MOURIR

Le cinéaste américain Woody Allen a déclaré à propos de la mort : *« Ce n'est pas que j'ai peur de la mort, je veux juste ne pas être là quand elle arrivera. »*

Nous devons tous mourir. C'est l'unique certitude que possède l'homme adulte. L'enfant ne sait pas qu'il va mourir ; il est dans une belle pulsion de vie.

Mourir, c'est cesser d'être. Quand le cœur s'arrête de battre, tout s'arrête. Le corps est inanimé. Il est comme un objet, une planche ou un morceau de marbre froid.

Mais ce qu'on appelle la mort n'est rien. Car ce qu'est la vraie mort, c'est la maladie et les souffrances qu'on endure. Il existe une peur, celle de l'inconnu, car on ne sait pas ce qui nous attend après la mort. Les religions monothéistes (qui croient en un dieu unique) parlent d'enfer et de paradis, du Jugement dernier. Mais cela relève de la croyance.

Ma mère n'avait pas peur de la mort. Elle disait : « Quand je mourrai, j'aurai la joie de rencontrer Dieu et son prophète. »

Dans la vie, il ne faut jamais perdre de vue l'idée que personne n'est immortel, quels que soient son âge, sa fortune, sa célébrité, sa chance, etc.

On arrive au monde nu et on repart de la vie nu. On n'emporte rien dans la tombe, ni les palais, ni les beaux bijoux, ni l'or, ni l'argent, ni la beauté, rien.

à toi de jouer

On dit que vivre, c'est apprendre à mourir. À ton avis, à partir de quand devrait-on se préparer à accepter l'idée de quitter ce monde ? Tout le temps ou bien à partir du moment où on tombe malade ou qu'on avance en âge ?

*

→ SUICIDE

Le suicide, c'est le fait de se donner volontairement la mort ; on se tue ; on choisit son jour et son heure pour quitter la vie. On choisit aussi le moyen de se supprimer : avaler des somnifères, se pendre, se jeter par la fenêtre ou se jeter sous un train, etc.

Le suicide est l'expression d'une liberté, une option prise par un individu libre et autonome.

Le suicide est sévèrement interdit par les trois grandes religions monothéistes – les religions juive, chrétienne et musulmane, qui croient en un dieu unique – parce que ce geste est considéré comme une provocation, un défi lancé à Dieu. Dans la religion, Dieu décide de la mort de chacun.

Les tentatives de suicide sont parfois des appels à l'aide de la personne qui ne veut plus de cette vie. Elle veut bien mourir, mais si quelqu'un lui tend enfin la main, elle la prendra.

L'idée du suicide surgit souvent après une situation douloureuse qui nous paraît sans solution. On voit tout en noir.

Il faut savoir que c'est passager, c'est une crise. Il faut savoir attendre que le mauvais nuage passe. Pour cela, il ne faut jamais hésiter à nous tourner vers les autres et à leur parler de notre souffrance. S'ils ne peuvent pas l'annuler, ils peuvent au moins nous aider à mieux l'affronter et à nous en libérer. Le fait de parler est donc très important. À l'école, il y a parfois des situations de harcèlement très graves qui peuvent donner envie d'en finir avec la vie pour ceux qui en sont les victimes. Là aussi, parler est le premier réflexe à avoir pour trouver de l'aide auprès des adultes.

Ne jamais se taire ni avoir peur de dénoncer le harcèlement. Il faut parler. Il n'y a aucune honte à raconter ce qui se passe et à demander de l'aide.

Récemment, un élève en classe de sixième, victime de harcèlement, c'est-à-dire d'agressions et de moqueries de la part de ses camarades, a tenté de se suicider. Heureusement, il a été sauvé. Mais, après, il s'est rendu compte que cela ne valait pas la peine de mourir à cause de la bêtise et de la méchanceté de ses camarades.

à toi de jouer

On parle parfois du courage du suicidé. Penses-tu qu'il faut du courage pour se donner la mort ?

*

→ INDIVIDU

La société est composée d'une multitude d'individus. Chaque personne est un individu, unique et singulier. Il est unique dans la mesure où il n'existe pas de par le monde une autre personne absolument identique à lui. Singulier, parce que chaque individu a son identité, son tempérament, son caractère propre. Des jumeaux peuvent se ressembler physiquement et avoir le même caractère, mais ils ne seront jamais identiques, absolument pareils.

La base d'une société démocratique est la reconnaissance de l'individu.

Elle considère que l'individu est un citoyen qui a des droits et des devoirs. Sa voix compte comme celle de n'importe quel autre individu, quels que soient son sexe, son origine ou sa place dans la société. D'où le vote. Voter pour élire un représentant, donner sa voix, c'est faire l'exercice de la démocratie. Il suffit d'une voix en plus de la moitié des voix pour avoir une majorité.

Toutes les sociétés ne reconnaissent pas l'individu, donc ne peuvent pas prétendre être **démocratiques** ; ainsi, l'individu n'est pas reconnu dans les pays arabes. On y reconnaît plutôt le clan, la tribu, la famille.

Reconnaître un individu, c'est accepter qu'il ait les mêmes droits que toutes les autres personnes. Il y a une égalité de droits, ce qui implique des devoirs. Pour vivre ensemble, il ne faut pas créer des inégalités entre les gens et il faut que tout le monde participe au bien commun. L'homme a de tout temps essayé de dominer d'autres d'hommes. C'est l'origine de l'esclavage. Un esclave n'a aucun droit. Il appartient à celui qui l'achète. C'est comme un objet. L'esclave est un être à qui on a retiré tous ses droits.

à toi de jouer

On dit que l'individu est un être unique et singulier. Penses-tu être « unique », c'est-à-dire irremplaçable, et « singulier », c'est-à-dire que tu as ton caractère propre ?

*

→ DÉMOCRATIE

La démocratie met le pouvoir aux mains du peuple.

En grec, *demos* signifie « peuple » et *kratos*, « pouvoir ».

L'ancien président des États-Unis Abraham Lincoln (1809-1865), mort assassiné, disait : « La démocratie, c'est le gouvernement du peuple par le peuple et pour le peuple. »

La démocratie est un régime politique qui considère que tous les citoyens d'une société donnée sont égaux, c'est-à-dire ont les mêmes droits et les mêmes devoirs. Qu'ils soient pauvres ou riches, cultivés ou analphabètes, qu'ils soient de grande ou de petite taille, ils sont tous égaux devant la loi et devant la justice.

Chaque individu a une voix dont il peut user le jour d'une élection. Toutes les voix se valent.

La démocratie implique des règles pour que nous puissions vivre ensemble sans avoir peur que quelqu'un prenne mon bien, m'empêche d'exercer mon devoir de citoyen et ne respecte pas ma liberté comme je respecte la sienne. Elle assure la sécurité de tous les citoyens à condition de respecter la loi.

On se met d'accord pour que la vie ne soit pas une lutte permanente, une suite de désordres, créant pour tous un malaise et des difficultés.

À l'école, il existe une forme de démocratie où tous les élèves sont égaux devant la loi et ne se différencient que par la valeur du travail qu'ils effectuent. Les règles de la classe sont simples : respecter les horaires, respecter les professeurs, participer en classe à l'apprentissage des choses, ne pas copier sur le voisin, ne pas s'absenter sans excuse valable, ne pas chahuter, ne pas faire de la provocation, ni se moquer d'un élève qui a des difficultés physiques ou mentales, faire de la classe un lieu du savoir et aussi de joie.

La démocratie s'exerce aussi dans le milieu scolaire, avec l'élection d'un délégué de la classe : tous les élèves votent pour élire un représentant qui parlera en leur nom lors de certaines réunions concernant la marche de la scolarité. Le délégué de la classe défend les intérêts de ceux qui l'ont élu.

« La démocratie est le pire des systèmes à l'exclusion de tous les autres », a déclaré en 1947 Winston Churchill,

ancien Premier Ministre britannique. Cette définition est très utilisée par les hommes politiques. Elle veut dire que le régime démocratique n'est peut-être pas parfait, mais qu'il n'en existe pas de meilleur. C'est ce qui permet au peuple de contrôler les hommes politiques qui les représentent.

La démocratie, en effet, implique une volonté des citoyens de vivre en harmonie, en paix avec les autres. Il faut être en accord avec ce principe, sinon c'est la pagaille, la loi de la jungle, c'est-à-dire la domination du riche sur le pauvre, l'exploitation du faible par le fort.

Ce qui ne signifie pas qu'un régime démocratique exclue l'agressivité envers d'autres nations. La démocratie ne nous met pas à l'abri d'une guerre ni de l'accession au pouvoir d'hommes sans qualités.

à toi de jouer

Penses-tu que l'école est le lieu où la démocratie s'apprend ? Comment ?

*

→ DROIT

En latin, « droit » se dit *directus*, c'est-à-dire ce qui est en droite ligne, ce qui est direct, juste. Le droit n'admet pas d'autres chemins que la ligne droite, sans détour, sans raccourcis, sans détournement.

Quand on s'écarte de cette ligne droite, on commet une erreur, voire une faute.

Si je dis : « Je suis le plus fort, donc j'ai le droit de te frapper », là, ce n'est pas un droit, mais une faute grave qui ignore ce qu'est réellement le droit.

Le droit est un ensemble de règles et de normes qu'on établit pour vivre ensemble, en se respectant les uns les autres.

Pour vivre ensemble, dans la paix sociale, on a besoin d'avoir des règles afin de savoir ce qui est autorisé et ce qui est interdit. On s'engage à ne pas violer ces règles, sinon la vie ensemble n'est plus possible.

Le droit n'accepte pas d'exception. Il est le même pour tous en toutes circonstances.

Chaque enfant a des droits. Par exemple, le droit à l'éducation. L'État a le devoir de construire des écoles, de former des enseignants, de les engager, de les payer et de veiller à la bonne marche du programme éducatif.

La famille, elle, a le devoir d'inscrire son enfant à l'école et de ne pas l'empêcher de s'y rendre.

Malheureusement, il arrive parfois que des parents déscolarisent leurs enfants, en particulier quand ce sont des filles. C'est le cas dans certaines régions rurales du Maroc. Les parents retirent les filles de l'école dès qu'elles atteignent la puberté. L'État et des associations luttent contre ce genre de pratique.

L'enfant a aussi le droit de refuser qu'un adulte le touche et abuse de sa naïveté. Ce droit est important, car longtemps on ne l'a pas considéré et des enfants n'ont pas été protégés des adultes qui ont tenté d'abuser d'eux, c'est-à-dire de profiter de leur innocence pour les obliger à avoir des relations sexuelles avec eux. C'est ce qu'on appelle la « **pédophilie** », que j'évoquerai plus tard.

Chaque domaine de la vie sociale et économique est géré par un droit spécifique, en plus du droit qui s'applique à tous.

Ainsi il y a le droit du travail, le droit maritime, le droit commercial, le droit de la copropriété, etc.

On dit de quelqu'un qu'il est « droit » quand il ne s'écarte pas des règles établies et des engagements pris. Il est honnête, juste, fiable. On peut lui faire confiance.

Les tribunaux (les lieux où l'on juge les affaires) se réfèrent au droit quand ils doivent rendre la **justice**.

à toi de jouer

Aujourd'hui, imagine que tu as absolument tous les droits. Que peut-il se passer ?

*

→ JUSTICE

Il y a le droit dit naturel, c'est le droit qui correspond à la nature humaine, comme le droit à la vie, le droit de propriété, et tout ce qu'on appelle « les droits de l'homme ».

Puis il y a le droit dit positif. Il est composé d'un ensemble de règles qu'une société se donne pour que les hommes, aussi bien les forts que les faibles, puissent vivre ensemble en paix.

En principe, la justice doit être la même pour tous. Pas d'exception, pas de passe-droit (le fait de ne pas appliquer le droit et de laisser passer une infraction, d'offrir à quelqu'un un privilège qui le favorise par rapport aux autres), pas de justice sans justification par la raison.

Justice est aussi justesse. C'est l'application avec justesse d'un principe d'équité, c'est-à-dire d'égalité. Grâce à la raison, chacun peut comprendre les décisions de justice, les discuter, les contester, comme le prévoit la loi. De cette façon, chacun voit sa dignité reconnue. C'est ainsi que le droit et la loi peuvent être reconnus comme justes.

La justice est rendue par des hommes, que ce soient des juges, des magistrats ou des jurés d'assises, c'est-à-dire des citoyens choisis au hasard pour suivre un procès, se réunir ensuite et finalement décider collectivement par un vote si l'accusé est coupable ou innocent et, dans le cas de la culpabilité, établir quelle peine doit lui être appliquée.

Or les hommes, quel que soit leur attachement à la justice, sont faillibles. C'est-à-dire qu'ils peuvent se

tromper. Quand ils se trompent, on appelle cela une « erreur judiciaire ».

L'ennemi principal de la justice est la **corruption** (par exemple, on paye un juge pour qu'il se montre indulgent à l'égard d'un inculpé).

La justice est toujours symbolisée par une balance dont les plateaux ne penchent ni à droite ni à gauche. Être juste, c'est atteindre cet équilibre qui ne favorise ni n'accable personne. Dans un partage, il s'agit de donner une part égale à chacun.

Il n'y a pas de justice sans **conscience**. Quand le juge a une conviction, il tranche en disant « en mon âme et conscience », ce qui veut dire : « J'ai l'intime conviction que cette personne est innocente ou est coupable. »

L'intime conviction est quelque chose de difficilement quantifiable. On ne peut pas la mesurer. Il faut faire confiance à la conscience du juge qui lui a dicté sa décision.

Mais une erreur est toujours possible.

Ainsi, le philosophe Alain a constaté : « La justice est difficile à faire, plus difficile qu'un pont ou qu'un tunnel. » Le sentiment d'injustice est insupportable. Être condamné alors qu'on est innocent est la pire des injustices. Pour reprendre les propos du procureur du roi de Mons en Belgique : « Mieux vaut un coupable en liberté qu'un innocent en prison. »

Bien avant lui, Voltaire, dans son livre *Zadig ou la Destinée*, avait écrit en 1747 : « Il vaut mieux hasarder de sauver un coupable que de condamner un innocent. »

à toi de jouer

Tu sais peut-être que tout citoyen majeur peut devenir «juré» dans un procès d'assises, c'est-à-dire dans un procès criminel, pour dire en son âme et conscience si l'inculpé est coupable ou innocent. Si tu es désigné(e), à quoi penses-tu devoir faire attention ?

*

→ DIGNITÉ

La dignité est ce qui fonde notre humanité, et inversement. C'est ce qui fait de nous des êtres respectables et civilisés. Tout être a le droit d'être respecté dans sa dignité.

La pire des choses, c'est de lui nier cette part essentielle de son être en lui faisant honte, en l'humiliant publiquement, en le traitant comme un esclave, comme un être inférieur.

L'esclavage qui a sévi durant des siècles dans le monde est l'une des expressions les plus évidentes de la négation totale de la dignité humaine.

Si tu méprises ton voisin, si tu le traites en te sentant supérieur à lui, tu portes atteinte à sa dignité.

Pour que tu ne sois pas attiré un jour par ce genre de comportement, dis-toi que cela pourrait t'arriver et que tu serais très malheureux que quelqu'un décide de t'humilier et de piétiner ta dignité.

Le philosophe allemand Nietzsche disait que la pire des choses, c'est de faire honte à quelqu'un.

Faire honte, c'est mépriser. Mépriser, c'est ne pas tenir compte de la dignité de quelqu'un.

La dignité, c'est ce qui fait que je suis un homme, ayant des droits et des devoirs. C'est ce qui définit ma droiture, ma rectitude. La dignité m'impose de ne pas profiter de la faiblesse de quelqu'un pour le rejeter ou pour obtenir de lui quelque chose qu'il ne veut pas donner. Par exemple : je sais qu'Untel est faible, il a peur, il n'est pas sûr de lui, alors je vais profiter de cette situation pour le racketter, pour le voler ou pour l'exploiter. Dans ce cas, je lui retire aussi sa dignité, son humanité.

Une maxime des esclaves et des peuples occupés et dominés est : « Plutôt mourir que vivre à genoux. »

à toi de jouer

Le philosophe Blaise Pascal disait que toute notre dignité réside dans notre capacité à penser. Il ajoutait que, par rapport à l'univers, nous ne sommes que de faibles roseaux. Mais nous pensons, et grâce à cela nous avons une valeur qui ne peut disparaître. Une personne qui perd son travail, qui n'a plus d'argent et plus de logement, perd-elle pour autant sa dignité, selon toi ?

*

Conscience → -inconscience

L'être humain possède une conscience, il sait qui il est et où il est. L'être humain est conscient, mais on ne peut pas dire exactement la même chose de l'animal. Un animal peut être intelligent, affectueux, fidèle, mais il n'a pas de conscience au sens où on l'entend pour l'homme. Il ne réalise pas qu'il est au monde, il ne pense pas.

Être conscient, c'est être vivant. Je sais où je me trouve, je sais ce que je fais et pourquoi je le fais, j'en mesure les conséquences, etc.

De quelqu'un qui s'évanouit, on dit qu'il a « perdu conscience ». On dit aussi qu'il a « perdu connaissance ». Il n'est plus présent mentalement. Il est inconscient. Le préfixe in- est une négation. Quand il retrouve ses moyens, la pensée, la parole et l'action, quand il pense, on dit qu'il est de nouveau conscient.

Avoir bonne conscience ne veut pas dire que l'on est très conscient des choses, mais qu'on est en accord avec sa morale et ses principes. Un homme qui trahit un ami ou est infidèle à son épouse a en principe mauvaise conscience. Il n'est pas bien avec lui-même. Il se sent coupable et a du remords. Il devient déloyal puisqu'il trahit par ses mensonges la confiance que son ami ou son épouse ont en lui.

Qu'appelle-t-on l'inconscient? C'est ce qui se passe dans notre esprit sans qu'on le sache. L'inconscient se révèle notamment la nuit quand nous dormons, quand nous ne contrôlons pas notre activité psychique et que nous rêvons.

Les rêves expriment ce que notre conscient refoule la journée et que nous ne voulons pas voir. Par exemple, on a un désir coupable : on voudrait sortir avec la petite amie de son meilleur copain, mais sachant que ce désir est interdit, on le renvoie vers notre inconscient. Cela s'appelle un refoulement, c'est-à-dire un rejet, une expulsion de ce désir hors de notre conscience.

De manière péjorative, quand on dit à quelqu'un qui vient de commettre une faute grave : « Tu es inconscient », cela veut dire : « Tu as perdu le contrôle de ton action et tu as fait quelque chose que tu n'aurais pas dû faire. » Autrement dit : « Tu as agi comme si tu ne savais pas ce que tu faisais. »

à toi de jouer

À ton avis, à quoi pourrait-on comparer l'inconscient ? Un tiroir secret ? Une vieille valise dans un grenier ? As-tu déjà remarqué qu'après avoir fait une promenade à pied ou à vélo, une partie du trajet a échappé à ton attention ? Pourtant, tu n'es pas tombé, tu n'as pas heurté de passant ni perdu ton chemin. Un bout de ta conscience a alors été absorbé par des pensées et ton corps s'est mis en « pilotage automatique ». Tout ce que nous faisons n'est pas forcément conscient. Peux-tu en donner d'autres exemples ?

*

→ RÊVES

Les rêves jouent un rôle important dans notre vie.

Ils constituent la matière essentielle pour expliquer des nœuds et des complexes que notre inconscient dépose dans un coin de notre esprit. Sigmund Freud, le fondateur de la psychanalyse, a établi sa théorie sur l'interprétation des rêves, car ce sont des moments échappés à notre conscient et qui sont riches de symboles qu'il faut soigneusement décortiquer pour tenter de comprendre ce qu'il y a derrière, ce qu'ils révèlent sur nous-mêmes.

Pour rêver, il faut dormir.

On oublie souvent ses rêves au réveil. Certains reviennent parfois. Ils insistent, comme s'ils voulaient nous dire quelque chose. D'où l'intérêt de les interpréter avec l'aide d'un psychanalyste.

Les rêves qui se produisent quand on dort ne sont pas la même chose que les **rêveries**. Dans la rêverie, on est éveillé, mais on laisse vagabonder ses pensées sans chercher à les orienter. Par exemple, on imagine un monde où règnent la beauté et la paix alors qu'on sait que l'homme n'est pas toujours bon.

Lors d'une marche de protestation contre le racisme anti-Noirs, Martin Luther King, le militant afro-américain, a fait un célèbre discours qui commence par ces mots : « *I have a dream* » (« J'ai un rêve »). Son rêve était l'espoir de voir enfin reconnue l'égalité des droits des Noirs et des Blancs.

Martin Luther King, né en 1929, a été assassiné le 4 avril 1968.

Nous avons tous un rêve, celui, par exemple, de voir la planète mieux traitée par l'homme, celui de voir la paix et la justice régner partout... On a besoin de ce genre de rêve pour ne pas désespérer totalement.

à toi de jouer

Raconte ou dessine un de tes rêves.

*

→ RÉALITÉ

La réalité, c'est ce que nous voyons autour de nous, ce qui nous entoure, ce qui fait la vie. Il y a une réalité apparente, celle que nous voyons, puis il y a une réalité intérieure, celle qui compose notre intimité, notre être secret, notre monde intérieur.

La réalité est ce qui est visible, mesurable, concret.

Ainsi, par exemple, la réalité est ce qui se passe en ce moment : tu es dans une classe, dans un collège situé dans telle rue, dans telle ville. Le professeur est en train de faire une leçon de géographie. En même temps, certains sont plus en contact avec leur réalité intérieure qu'avec la réalité visible de la classe. Ils pensent à autre chose, à des problèmes ou à des projets.

On dit que souvent la réalité dépasse la fiction. Cela veut dire que ce qui se passe dans la vie est parfois inimaginable. Dans un roman, dans une fiction (ce qui est inventé), l'auteur imagine des situations extraordinaires. Mais il arrive parfois que la réalité soit plus folle que ce qu'on invente.

Bien sûr, la manière dont on perçoit une réalité dépend de chacun. Supposons qu'en sortant du collège, il se produise un accident. Il y aura autant de versions de ce fait que d'élèves qui y auront assisté. Chacun va interpréter à sa façon ce qu'il a vu, sans même s'en rendre compte, selon l'endroit où il se trouve, son humeur du moment, etc. Il n'existe pas de perception (de vision) objective, exacte de la réalité. Quand on dépasse la réalité dans ce qu'elle a de concret, on dit que c'est du **surréalisme**.

à toi de jouer

Que penses-tu de cette affirmation : il y a autant de versions que de personnes ayant assisté à l'accident ?

*

→ CORRUPTION

En arabe, le mot « corruption » évoque un bois pourri avec lequel on ne peut rien construire. L'image du bois rongé de l'intérieur est assez parlante.

La corruption est ce qui pourrit les valeurs morales sur lesquelles repose une société qui fonctionne normalement.

Si avec de l'argent vous pouvez acheter un droit et vous soustraire ainsi à la justice, vous commettez un crime. Car si vous êtes coupable, vous risquez de faire endosser la responsabilité de votre délit à un innocent. Lui ira en prison pendant que vous, vous continuerez de jouir de votre liberté.

Il y a la corruption financière – je donne une enveloppe pour que mon projet passe avant celui des autres – et puis il y a la corruption morale. On pousse alors quelqu'un à violer les valeurs morales qui sont à la base du vivre-ensemble. La trahison, le mensonge, la simulation, l'imposture sont autant de cas où l'homme renonce à sa dignité pour obtenir les faveurs de quelqu'un de puissant.

Il y a le corrupteur et le corrompu. Ils ont tous les deux tort et commettent un délit grave.

Lorsque la corruption s'installe dans un pays, on peut dire que cette société est rongée de l'intérieur par un poison qui mène à la ruine et au désastre.

La corruption se pratique presque partout dans le monde. Certains pays sont connus pour être très corrompus et d'autres le sont moins. Mais ce mal sévit un peu partout, même si les prisons sont pleines de personnes qui ont corrompu ou qui sont corrompues.

Cependant, lorsque le corrupteur ou le corrompu ont des pouvoirs politiques ou administratifs, leur faute rejaillit sur toute la société, en affaiblissant respect et confiance qui sont indispensables pour qu'une société reste solidaire.

Comment lutter contre la corruption? L'éducation est une réponse.

N'oubliez pas que la corruption, c'est le mal, c'est de la fraude, de la triche, de la bassesse. Seule l'éducation aux principes peut lutter contre la tentation de la corruption.

Si, par exemple, un élève apporte un cadeau ou une somme d'argent à son prof dans l'espoir qu'il lui donne de bonnes notes, c'est une tentative de corruption. Si le prof accepte le cadeau et effectivement donne de bonnes notes à l'élève en question alors que celui-ci ne les mérite pas, il est corrompu. Il est aussi coupable que l'élève.

à toi de jouer

Gagner du pouvoir ou de l'argent en se laissant corrompre est une tentation à laquelle certaines personnes ont du mal à résister. Si tu avais droit à trois arguments pour les dissuader, que dirais-tu ? (Attention, il ne suffit pas de dire « c'est mal », il faut convaincre.)

*

→ ARGENT

Avant que l'argent ne soit inventé par les hommes, il y avait le troc, c'est-à-dire qu'on acquérait un objet en l'échangeant avec un de la même valeur.

À la base de l'argent, il y a un symbole sur lequel tout le monde s'accorde. Au début, on a utilisé des pièces en or ou en argent, parce que ce sont des matières rares, donc précieuses. Ensuite, on est passé au papier qu'on appelle monnaie. Chaque billet représente une somme. Chaque billet est en principe inimitable. Mais des hommes ont réussi à fabriquer des faux billets. On les appelle les faux-monnayeurs. Toute contrefaçon de billets de banque est punie par la loi.

L'argent est un moyen, pas une fin. Ma mère disait : « L'argent, c'est la poussière de la vie » et elle précisait : « la mauvaise poussière ».

L'argent est certes important. C'est une convention. Il ne faut pas lui accorder plus d'importance qu'il n'en a.

Nous vivons dans un monde où l'argent est devenu la valeur principale. Tout passe et se mesure par l'argent. Bien sûr, on en a besoin pour vivre. Mais certaines personnes en font davantage qu'un simple besoin, une fin en soi qui remplace les valeurs morales d'une société et même toutes les valeurs.

L'amour de l'argent est une erreur. Il faut entreprendre, imaginer, produire non pas pour s'enrichir, mais pour participer à une œuvre collective. Un grand chercheur en médecine ne travaille pas sans relâche pour accumuler de l'argent. Il cherche à soigner des gens qui ont besoin de ce médicament qui va les soulager ou, mieux, les guérir. Crois-tu que Pasteur ou Pierre et Marie Curie pensaient à l'argent quand ils passaient des nuits à chercher des vaccins pour sauver des vies ?

Certaines personnes passent leur existence à tout faire pour amasser le maximum d'argent. Elles ne le dépensent pas, mais sont heureuses de savoir qu'elles sont riches. Le jour de leur mort, elles n'emportent pas un centime de tout cet argent qu'elles ont mis toute une vie à amasser et à placer à la banque.

Il faut avoir avec l'argent un rapport simple. Ne pas le surestimer ni le sous-estimer. Il faut le dépenser de manière raisonnable.

L'argent de poche que te donnent tes parents sert à ce que tu achètes des choses nécessaires pour ta vie d'adolescent (aller au cinéma, payer une boisson au café ou un sandwich, acheter une bande dessinée ou un roman, etc.). C'est un moyen pour apprendre à gérer raisonnablement l'argent.

Il faut éviter de penser que la valeur d'une personne est proportionnelle à son compte en banque.

L'argent a été et est toujours au cœur des plus grands problèmes que connaît le monde. L'amour excessif de l'argent, vouloir le posséder et surtout le garder, ne pas le dépenser s'appelle l'**avarice**.

à toi de jouer

Tu connais sans doute Serge Gainsbourg, le chanteur provocateur qui a brûlé un billet de cinq cents francs en mars 1984, en direct dans une émission de télévision pour protester contre l'abus des impôts ? Autrement dit : est-ce qu'un billet de banque est sacré ? Est-il un symbole aussi important que le drapeau national ? (Brûler un drapeau est passible de prison.)

*

→ AVARICE

L'avare est celui qui déploie tous ses efforts pour ne pas dépenser son argent. Pour lui, dépenser est une façon de perdre quelque chose de son corps ou de son âme. C'est comme s'amputer d'une main ou d'un bras. On dit d'ailleurs « ça m'a coûté un bras » pour parler de quelque chose qui a coûté très cher.

Il y a deux sortes d'avares : celui qui accumule l'argent et se prive de tout sur le plan matériel et celui qui est avare en tout. Avare avec l'argent, avare avec le temps, avare avec les sentiments. Il est incapable d'avoir des amis (ça coûte de l'argent et ça prend du **temps**), incapable aussi de vivre en harmonie avec un(e) conjoint(e) à moins qu'il ou elle ne soit aussi avare que lui.

Un homme avare est malheureux parce que donner de son argent ou de son temps lui fait mal. Il souffre quand il doit sortir quelques billets de banque et va tout faire pour retarder ce moment fatidique.

L'avare n'aime qu'une seule chose : l'argent. Il ne s'aime pas lui-même et donc ne peut pas aimer les autres.

Molière l'a très bien décrit dans sa pièce *L'Avare*. Quand Harpagon découvre qu'on lui a volé son or, sa vie n'a plus aucun sens : « Mon cher ami ! on m'a privé de toi ; et puisque tu m'es enlevé, j'ai perdu mon support, ma consolation, ma joie : tout est fini pour moi, et je n'ai plus que faire au monde. Sans toi, il m'est impossible de vivre. C'en est fait ; je n'en suis plus ; je me meurs ; je suis mort ; je suis enterré. »

à toi de jouer

Où places-tu la limite entre le fait d'être économe et celui d'être avare ?

*

→ TEMPS

On le mesure en divisant le jour et la nuit en vingt-quatre heures. La vie est divisée en années, en mois, en semaines, en jours, en heures, en minutes, en secondes.

Le temps n'existe pas en dehors de nous. Le temps, c'est nous. Il est en nous. Avec le temps, ce que nous sommes

change : le corps, avec ses rides et ses fatigues, est une preuve que nous avons avancé dans le temps.

Ce n'est pas le temps qui passe, c'est toi, c'est moi, c'est nous qui passons.

Le temps est comme un fil tendu sur lequel nous marchons du jour de notre venue au monde jusqu'à notre mort. Nous accumulons des années, des mois, des semaines et le tout additionné donne notre âge.

Le temps est précieux.

Certains l'utilisent bien, d'autres le perdent et ne savent pas en profiter.

En fait, le temps, c'est seulement le présent, car le passé n'existe plus et l'avenir n'est pas encore là.

Il faut vivre au présent. Cela ne nous empêche pas de nous projeter dans le futur et de faire des projets. Mais cela ne sert à rien de regretter et de ressasser le passé, ce qu'on appelle la **nostalgie**.

à toi de jouer

Comme tout le monde, tu aimes bien te souvenir de choses agréables et sans doute as-tu aussi quelques regrets au sujet du passé. Comme tout le monde également, tu as des espoirs et des attentes pour l'avenir. Et le présent dans tout ça ? Est-ce que tu arrives à te concentrer dessus ? Qu'est-ce que cela t'apprend sur le temps ?

*

→ NOSTALGIE

Le mot « nostalgie » vient du grec *nóstos*, qui veut dire « retour ». La nostalgie, étymologiquement, est le mal du marin qui regrette la terre qu'il a laissée et où il brûle de revenir.

Pour nous, la nostalgie est un retour mental sur le passé qu'on cherche à réveiller parce qu'on pense qu'avant, c'était mieux.

La nostalgie, cela ne sert à rien. Il vaut mieux vivre au présent et préparer des projets pour le futur.

Le nostalgique est celui qui s'est installé dans un passé illusoire qui n'existe plus. C'est une forme de démission face à la vie, où le principe qui nous gouverne nous pousse à aller de l'avant, à entreprendre des choses.

à toi de jouer

À quoi sert la nostalgie, selon toi ?

*

→ PRINCIPES

Dans la vie, certains ont des principes qui guident leurs actions.

Les principes sont des règles rigoureuses que nous appliquons dans nos comportements, dans notre travail, dans nos relations avec nos amis, avec notre conjoint, avec nos enfants, etc. Ces principes émanent des **valeurs** qui nous montrent le chemin à suivre dans la vie.

Un homme qui respecte ses valeurs est un homme intègre (il est d'une grande honnêteté, il est incorruptible).

Un homme qui a des principes ne peut en aucun cas déroger à ces principes parce qu'il apparaîtrait comme un traître à lui-même.

à toi de jouer

À ton avis, peut-on vivre sans principes ?
Les grandes familles nobles ou les chevaliers avaient souvent des « devises », c'est-à-dire des sortes de slogans qui résumaient leur règle de conduite. Par exemple : « Fais ce que tu dois. » Quelle pourrait être ta devise dans la vie ?

*

→ VALEURS

Les valeurs morales sont des règles de comportement, base d'une civilisation et base de toute éducation. C'est ce qui nous différencie des animaux qui n'ont pas de conscience, ni de jugement en un sens comparable à ce qu'on dirait pour un être humain.

Les valeurs d'une société sont parfois fragiles. Elles peuvent être atteintes par la corruption. Un homme politique va, par exemple, profiter de son pouvoir pour monnayer des services ou pour se servir lui-même au lieu de servir son pays. Son intérêt personnel et égoïste passe avant l'intérêt général. Un journaliste va par exemple modifier une information parce qu'elle ne correspond pas à son opinion. Un professeur va favoriser un élève parce qu'il est intéressé par la situation sociale et financière de ses parents.

Les trois grandes religions monothéistes (le judaïsme, le christianisme et l'islam, qui croient en un dieu unique) nous enseignent à peu près les mêmes valeurs fondamentales, qui sont la base sur laquelle on peut aussi bâtir un contrat social, même si on n'est pas croyant : ne pas tuer, ne pas voler, ne pas mentir, ne pas trahir, ne pas écraser le faible, ne pas faire honte au pauvre, ne pas briser un accord, etc. Sur ce point, la morale **laïque** enseignée dans notre république rejoint l'essentiel des morales religieuses.

Quand on devient assassin, terroriste par exemple, on foule aux pieds toutes ces valeurs qui font que la vie humaine est sacrée. Celui qui commet un crime rejette les valeurs sur lesquelles repose une société.

Les valeurs d'une société se mesurent, entre autres, par la condition réservée aux femmes et aux enfants. Les sociétés européennes essaient d'atteindre une parité entre les hommes et les femmes, c'est-à-dire de traiter sur un pied d'égalité l'homme et la femme, par exemple, en tentant de réduire les écarts de salaire entre un homme et une femme qui font le même travail. Presque chaque jour, une femme meurt sous les coups de son mari ou compagnon (en France, près de 1 400 femmes ont été tuées en dix ans par leur mari ou leur compagnon). La violence contre les femmes est une négation des valeurs qui consistent à considérer la femme comme l'égale de l'homme et que toute violence dans les rapports entre eux doit être proscrite, c'est-à-dire interdite. Le mouvement #MeToo réagit et dénonce cette violence faite quotidiennement aux femmes. L'assassinat d'une ou plusieurs femmes pour la seule raison qu'elles sont des femmes s'appelle **féminicide**.

Les valeurs d'une société se mesurent aussi à la manière dont elle traite les personnes âgées, les pauvres, les minorités, les handicapés et les plus faibles en général.

à toi de jouer

Les valeurs changent d'une culture à une autre, d'une époque à une autre également. À cause de cela, on dit parfois qu'elles sont relatives. Pourtant, peut-on quand même trouver des valeurs qu'il faudrait défendre partout et tout le temps, des valeurs « universelles » ?

*

→ ÉGALITÉ

Voici le premier article de la Déclaration des droits de l'homme et du citoyen, rédigée au début de la Révolution française : « Les hommes naissent et demeurent libres et égaux en droit. Les distinctions sociales ne peuvent être fondées que sur l'utilité commune. » « Utilité commune » veut dire : le bien commun, l'intérêt général.

Nous sommes tous différents. Mais nous sommes tous semblables et tous égaux devant la loi, devant la justice, devant l'administration dans les pays où les droits de l'homme sont respectés. Cela veut dire aussi que nous sommes tous égaux face à l'obligation de respecter la loi. Si nous commettons un délit, une faute grave, nous devons tous également répondre de nos actes devant la justice. Riche ou pauvre, nous devons être égaux devant la justice. Il ne peut y avoir une justice pour les puissants et une autre pour les faibles, les pauvres et démunis.

L'égalité est le fait de ne pas privilégier une personne par rapport à une autre. Ou, pour le dire autrement, c'est le fait de ne pas traiter en inférieure ou en supérieure une personne par rapport à une autre.

Ni privilège ni exception. Nous avons tous le même droit de jouir des libertés fondamentales dans le pays où nous vivons. Riches ou pauvres, en bonne santé ou malades, nous sommes tous égaux devant le droit et la loi.

Nous sommes semblables, mais nous sommes aussi différents, par la couleur de la peau, par la taille, par l'opulence, par l'intelligence, par la volonté d'être serviable ou pas, par notre sensibilité, par nos opinions, etc.

Nous pouvons être différents de centaines de façons. Mais en ce qui concerne notre statut de citoyen, nous avons

absolument le droit d'être traités avec la même attention. Que ce soit devant la justice, devant l'administration (une mairie, un service des impôts), devant un professeur ou un employeur, nous exigeons le même comportement, la même attitude. Seuls la capacité intellectuelle, l'effort fourni, l'intelligence manifestée pourront distinguer un candidat d'un autre dans un concours, par exemple.

L'égalité c'est le fondement de la lutte contre le racisme, contre les différences physiques ou mentales, contre le genre, contre l'orientation sexuelle, etc.

C'est aussi la condition pour que nous nous reconnaissions comme concitoyens, avec bienveillance, compréhension et respect mutuel.

à toi de jouer

Penses-tu, comme l'humoriste Coluche, que « certains sont plus égaux que d'autres » ?

*

→ PARITÉ

La parité est une revendication assez récente du combat pour l'égalité entre hommes et femmes. Elle vient du latin *par, paris*, qui signifie « pareil, égal ».

Que ce soit au gouvernement ou au Parlement (composé de l'Assemblée nationale et du Sénat), les dirigeants et les élus essaient de respecter cette égalité entre les hommes et les femmes dans la représentation nationale. En principe, il y a aujourd'hui, en 2020, autant de ministres femmes que de ministres hommes. Il en sera peut-être de même pour les députées et députés et pour les sénatrices et sénateurs au Parlement. Mais ce n'est pas encore le cas.

En France, le combat pour la parité est un des acquis de la lutte des féministes, celles et ceux qui se battent pour que les femmes aient les mêmes droits que les hommes.

à toi de jouer

À ton avis, doit-on respecter la parité même si la femme ou l'homme en question n'a pas les qualités requises pour occuper un poste ?

*

→ RACISME

Avant toute chose, sache que les races n'existent pas.
Il n'y a pas de race blanche.
Pas de race noire.
Pas de race jaune.
Pas de race rouge.

Il n'y a qu'une race : la race humaine composée de plus de sept milliards d'individus tous différents et pourtant, tous semblables.

Le génome (ensemble de matériel génétique porté par une espèce ; ensemble de gènes, c'est-à-dire ce qui permet l'hérédité d'une personne à une autre) est identique chez tous les êtres humains. Donc, il n'y a pas de quoi établir un classement entre les personnes à partir de leur apparence physique.

Si les races n'existent pas, pourquoi parle-t-on de races chez les animaux? Ce qu'on appelle « race animale », c'est la sélection d'animaux ayant des caractéristiques communes en vue de l'élevage et de l'alimentation : race canine, race bovine, race ovine, etc. Tous les animaux ne se ressemblent pas. Mais tous les êtres humains se ressemblent, bien qu'ils soient tous différents les uns des autres.

Le raciste a besoin de croire ou de faire croire que les races existent. Cela lui permet, pense-t-il, de justifier son rejet de telle ou telle communauté, d'une ethnie ou d'un groupe humain différent du sien.

Le racisme est le fait de considérer que les personnes dont la couleur de la peau est différente de la nôtre sont inférieures et méritent d'être traitées avec mépris. Le raciste, lui, se considère comme supérieur du simple fait qu'il est blanc de peau, par exemple. L'inverse est possible aussi. On a vu en Amérique, au moment de la lutte pour les droits civiques, des Noirs se considérant supérieurs à ceux dont la peau était blanche ou jaune. Le racisme n'est pas le monopole des Blancs !

Ainsi, le raciste est celui qui transforme en inégalités les différences créées par la nature. Ces différences, le raciste

R A
C E
S

les voit comme des inégalités qui lui assurent une prétendue supériorité.

Le racisme colle à la peau de l'homme. Aucune société n'a réussi à enrayer définitivement ce fléau. Le racisme est partout et n'épargne aucun groupe humain.

En France, certains ont essayé de se défendre contre ce qu'ils appellent « le racisme anti-Blancs », qu'ils subiraient de la part des Africains et des Maghrébins.

Il n'est pas question d'affirmer que le racisme est à sens unique. Il est partout. Il peut être le fait aussi bien du Blanc que du Noir, du riche que du pauvre.

Finalement, les hommes sont aussi paradoxalement tous les mêmes parce qu'ils peuvent tous être racistes.

La pédagogie au quotidien – expliquer et expliquer encore – est un des moyens de lutter contre les préjugés racistes, les idées toutes faites. Il y a aussi les lois contre l'incitation à la haine raciale.

à toi de jouer

Selon toi, peut-on être raciste sans le savoir ? Parfois, on fait des remarques, des blagues, des jugements de valeur qui réduisent les gens à une appartenance raciale, comme si on les enfermait dans une boîte.

*

→ IMMIGRÉ

L'immigré est celui qui a quitté son pays pour aller vivre et travailler dans un autre pays. Au XXe siècle, la France, comme de nombreux pays européens, a connu de grandes vagues d'immigration, lorsqu'il a fallu de la main-d'œuvre étrangère pour faire marcher ses usines. C'était après la Première Guerre mondiale.

Beaucoup d'hommes étant morts et, la main-d'œuvre manquant, on allait dans des villages algériens, marocains, tunisiens, sénégalais, mais aussi en Pologne ou en Italie chercher des hommes vaillants pour les emmener travailler en France ou en Allemagne.

C'était souvent une immigration d'hommes sans leurs femmes, des hommes dont on croyait qu'ils retourneraient un jour dans leurs pays d'origine.

En 1976, sous la présidence de Valéry Giscard d'Estaing, est mis en place le « regroupement familial ». Les femmes des travailleurs immigrés sont autorisées à rejoindre leur mari, et la plupart des travailleurs immigrés restent alors en France.

À partir de là, les immigrés ont fait des enfants en France. Ces enfants sont français, mais ne sont pas toujours considérés comme tels. Ce qui est contraire à l'égalité.

Depuis l'an 2000, on a constaté l'existence d'un afflux important de migrants illégaux et clandestins ; ils arrivent du Maghreb et de l'Afrique subsaharienne en Europe. En même temps, des Africains ont émigré principalement vers le Maroc.

Celui qui arrive dans un autre pays est appelé « immigré ». Et on l'a longtemps considéré comme celui dont on avait besoin.

Celui qui part de son propre pays est appelé « émigré ». Et on le voit maintenant souvent comme celui qui a besoin de venir dans des pays en paix, plus riches, et qui le traiteront peut-être en égal.

à toi de jouer

Même ceux dont toute la famille est française ont forcément des ancêtres ou des cousins qui ont vécu ou sont nés ailleurs. Dans la tienne, jusqu'où faut-il remonter pour trouver quelqu'un qui n'était pas français ? On dit parfois que nous sommes tous des enfants d'immigrés, qu'en penses-tu ?

*

→ ÉTRANGER

L'étranger est celui qui vient d'ailleurs, qu'il soit de passage comme touriste ou qu'il ait émigré pour résider et travailler dans un autre pays que le sien.

Celui qui le reçoit sera considéré à son tour comme étranger quand il se rendra lui aussi dans un pays différent. Ce qui fait qu'on est toujours l'étranger de quelqu'un !

« Étranger » a donné le mot « étrange », ce qui étonne, ce qui surprend, ce qui n'est pas tout à fait courant et ordinaire.

Quand on n'aime pas, quand on ne supporte pas la présence des étrangers chez soi, on est **xénophobe**. Du grec *xénos*, « étranger », et *phóbos*, « peur ». En fait, cette attitude n'est pas que la peur, elle s'exprime aussi par le rejet, le non-accueil, le refus d'accepter cette présence.

à toi de jouer

À ton avis, peut-on se sentir étranger
dans son propre pays ?
Es-tu déjà allé « à l'étranger » ? Si oui, qu'as-tu ressenti ?
Et sinon, qu'est-ce qui pourrait te donner l'envie de voir
d'autres pays et d'autres cultures ?

*

→ PHOBIE

La phobie, c'est la peur.

Quand elle est accolée à un groupe ou à une religion, cela donne par exemple, pour les homosexuels, l'**homophobie** et pour l'islam, l'**islamophobie**.

Mais au fond, ceux qui agressent violemment des homosexuels, ou ceux qui tuent des musulmans à cause de

leurs croyances, comme cela s'est passé en mars 2019 dans une ville de la Nouvelle-Zélande (cinquante et un morts), ce ne sont pas des gens qui ont peur, mais des gens qui sont animés par la haine, une haine telle qu'elle se traduit par le meurtre.

Par contre, on peut dire que ce qu'on appelle la xénophobie, c'est l'étape juste avant le racisme. C'est ce qui prépare un comportement d'exclusion et de rejet direct de l'étranger. En général, on est xénophobe avec l'étranger pauvre. Quand celui-ci est riche, même si au fond on ne l'aime pas beaucoup, on ferme les yeux à condition qu'il dépense pas mal d'argent.

La xénophobie est ainsi une façon « sélective » (hypocrite) d'être raciste.

à toi de jouer

On peut avoir peur des araignées ou des serpents, par exemple. Souvent, c'est notre imagination et notre ignorance qui nous y poussent. Mais avoir peur des autres gens parce qu'ils sont différents, est-ce que c'est plus intelligent ?

D'après toi, comment lutter contre toutes les phobies ?

*

→ ISLAMOPHOBIE

La peur de l'islam en Europe s'est généralisée avec le terrorisme dit « islamiste », qui prétend agir au nom de la religion musulmane, depuis une vingtaine d'années. Ceux qui ont peur de cette religion ne cherchent pas à savoir si l'islam est innocent ou coupable des crimes commis en son nom. Ils se contentent de leurs préjugés (leurs idées toutes faites) et développent une méfiance systématique à l'égard de l'islam.

Ce qui fait peur dans l'islam, en dehors de la menace terroriste, c'est la manière dont les musulmans traitent les femmes dans leurs pays. Et il est vrai que la condition de la femme musulmane est une des plus injustes au monde. En Arabie saoudite, ce n'est qu'en 2018 que les femmes ont obtenu le droit de conduire une voiture. Sur la question de l'héritage, l'homme a une part et la femme n'a droit qu'à une demi-part. Dans certains pays musulmans, la femme ne peut quitter le pays sans l'autorisation de son mari. Dans ces mêmes pays, la polygamie (le fait d'épouser en même temps plusieurs femmes) est autorisée ainsi que la répudiation, c'est-à-dire le fait de divorcer de sa femme sans lui demander son avis, etc.

Des hommes politiques et certains journalistes affirment que l'Europe sera un jour entièrement islamisée. Il est évident que des gens mal informés croient à ce genre de prédictions qui sont dénuées de tout fondement.

Mais la peur de l'islam est devenue peu à peu la **haine** de l'islam et de ses adeptes. Des militants d'extrême droite aux

Pays-Bas ou en Autriche veulent interdire le Coran et fermer les écoles musulmanes. Ce discours trouve un tel écho chez les électeurs que des partis d'extrême droite ne cessent de progresser dans la plupart des pays européens.

à toi de jouer

« C'est un Arabe, donc c'est un musulman, donc c'est un terroriste. » Il y a une erreur de raisonnement et une faute morale de jugement dans la même phrase. Les vois-tu ?

*

→ HAINE

La haine est un sentiment aussi répandu chez les êtres que l'amour, son opposé.

Il y a une différence entre haïr un être qu'on a aimé, parce qu'il nous a quitté ou parce qu'il nous a trahi, et haïr un état d'esprit chez certaines personnes.

Dans certaines situations, pour en arriver à haïr quelqu'un, il faut l'avoir aimé, du moins un peu.

La haine peut aller jusqu'à vouloir la mort de celui qu'on hait. C'est un sentiment lourd et fort, chargé souvent de tendances irrationnelles, qui peut aller jusqu'à l'obsession et la maladie mentale. Celui qui n'est animé que par la haine est un être très malheureux. Il est à plaindre. C'est pour cela qu'il faut lutter à l'intérieur de soi contre la présence de ce poison qu'est la haine. La haine finit par détruire celui qui la porte en lui.

La haine est le refus violent d'une réalité ; par exemple, je hais une personne, un ami ou mon conjoint, parce qu'il ou elle a changé d'attitude à mon égard en m'abandonnant ou en m'humiliant par une rupture non acceptée et à laquelle je n'étais pas préparé.

Je peux aussi haïr quelqu'un parce qu'il m'a trahi, il m'a par exemple dénoncé au prof parce que j'ai fait une bêtise, ou parce que j'ai demandé à mon grand frère de faire mon devoir à ma place.

Un militant politique peut nourrir de la haine pour le régime qui l'a torturé.

La haine d'Hitler pour les Juifs est allée jusqu'à une forme de folie aux conséquences tragiques. Mais cette haine des Juifs – l'**antisémitisme** – n'a pas disparu malgré les six millions de Juifs tués par le système nazi.

à toi de jouer

Quand tu as un sentiment de haine, essaie de le transformer, non en amour, mais en le vidant de son contenu. C'est un exercice bénéfique pour ton équilibre et ta santé, car on ne bâtit rien sur la haine.

*

→ ANTISÉMITISME

L'antisémitisme est une forme de racisme qui s'exerce spécialement contre les Juifs. Il a connu son niveau le plus tragique, le plus abject, avec le nazisme.

Mais l'antisémitisme a existé bien avant l'arrivée au pouvoir d'Hitler.

De tout temps, les Juifs ont été persécutés ; on leur reprochait d'être riches, d'être fourbes, d'être des alliés du diable, d'être de mauvais patriotes, d'être des traîtres, etc. L'affaire Dreyfus en est un exemple : en 1894, un capitaine de l'armée française, juif, Albert Dreyfus est accusé d'avoir livré des documents secrets à l'Empire allemand et est condamné à la déportation, l'histoire prouvera qu'il s'agit d'une erreur judiciaire, et probablement d'un complot. L'origine de cette affaire est la haine du Juif.

Malgré les lois et l'éducation, ce racisme n'est pas mort. Il s'acharne sur les Juifs dès qu'il y a une crise politique ou économique, ou des problèmes dans la société. Cela va de la profanation des tombes aux insultes ou à des agressions contre des jeunes qui portent la kippa (petit couvre-chef dont les juifs pratiquants couvrent leur tête). Cela peut aussi se manifester par des assassinats de personnes juives uniquement parce qu'elles sont juives, comme cela s'est passé en France ces dernières années. On peut rappeler le cas d'Ilan Halimi, enlevé, torturé jusqu'à la mort par une bande de

criminels qui se faisait appeler le « gang des barbares » (2006) ; le cas de Mohamed Merah qui a tué des enfants juifs au seuil d'une école à Toulouse (2012) ; celui d'une femme de 65 ans, Sarah Halimi, défenestrée par son agresseur (2017) ; celui d'une vieille dame de 85 ans, Mireille Knoll, poignardée, puis brûlée vive dans son appartement (2018)…

La lutte contre l'antisémitisme peut commencer en démontrant que les préjugés ne sont fondés sur rien de vrai.

Le cliché qui prétend que « le Juif est plein d'argent » vient de l'histoire : au Moyen Âge, l'Église avait interdit le prêt d'argent avec intérêt. L'islam aussi. Les Juifs sont devenus majoritaires dans le commerce de l'argent parce qu'ils ne pouvaient pas travailler ailleurs. De là est né le préjugé du rapport particulier des Juifs avec l'argent. Les Juifs ne sont ni spécialement riches ni spécialement pauvres. Ils sont comme tout le monde. Certains ont des fortunes, d'autres sont démunis. L'acquisition de la fortune n'a strictement rien à voir avec le fait d'être juif.

à toi de jouer

Selon toi, pourquoi l'antisémitisme est-il un racisme particulier ?

*

→ SHOAH

***Shoah* est un mot hébreu qui signifie « anéantissement ».** On emploie aussi le mot « **holocauste** » (du grec *holocaustos*, « brûler entièrement ») pour désigner le **génocide** (extermination d'une ethnie, d'un peuple, d'une communauté) des Juifs durant la Seconde Guerre mondiale (1939-1945).

Le peuple juif a connu dans son histoire plusieurs vagues de persécutions. La plus grave, la plus importante et la plus meurtrière est celle que le système nazi allemand a fait subir aux Juifs qu'il a pourchassés partout où il a pu durant la Seconde Guerre mondiale.

L'historien américain Raul Hilberg, dans son livre *La Destruction des Juifs d'Europe* (Éditions Fayard, 1988), estime le nombre de Juifs tués par les nazis à cinq millions et d'autres chercheurs à six millions. Ils furent tués dans des ghettos (quartiers des villes habités par des Juifs), dans des camps de concentration et dans des chambres à gaz.

Hitler et ses hommes au sein du parti nazi avaient décidé d'en finir avec les Juifs (ce qu'ils appelaient la « solution finale ») parce qu'ils les considéraient comme des gens appartenant à une « race impure » donc inférieure. Ils disaient qu'ils n'avaient pas droit à la vie, qu'il fallait les exterminer, c'est-à-dire les éliminer physiquement jusqu'au dernier.

C'est ainsi que plusieurs millions d'êtres humains ont été systématiquement tués uniquement parce qu'ils étaient juifs.

Des pseudo-historiens malintentionnés ont nié l'existence des chambres à gaz et par là le génocide des Juifs. Ce sont des négationnistes, des criminels qui cherchent à falsifier l'histoire en niant la vérité historique.

n'oublie pas

Quand on parle de la guerre mondiale qui a eu lieu entre 1939 et 1945, on utilise le mot « seconde » et non « deuxième », parce que, après « deuxième », il y a « troisième ». Or le mot « seconde » implique qu'il n'y a pas de troisième. Une façon d'espérer que l'homme ne sera pas tenté par une Troisième Guerre mondiale !

*

→ PEUR

La peur est un sentiment normal, humain. Ne pas avoir peur d'un danger, par exemple, est inquiétant.

La peur peut être provoquée par une manifestation de la nature comme le tonnerre, un tremblement de terre, une tempête qui détruit tout sur son passage.

On a peur alors parce qu'on se sent sans défense face à ces phénomènes naturels. On ne peut pas se battre contre ces éléments. On est insignifiant.

On peut aussi avoir peur de l'inconnu, de ce qu'on ne voit pas. Peur dans le noir. Peur de ce qu'on imagine. Le corps est secoué parce qu'il ne sait pas ce qui va lui arriver. On se sent diminué. Sans recours, sans rien à quoi s'accrocher, rien qui nous apaise. La peur est un trouble physique, mais aussi mental.

La peur de l'avion est une peur qui n'a rien à voir avec la raison. On a peur parce qu'on ne fait plus confiance à la technique ni à l'homme qui s'en sert pour piloter un avion. C'est un sentiment qui ne s'explique pas vraiment. Il échappe à toute logique.

C'est comme la peur dans le noir. Dans l'obscurité on ne sait pas d'où viendrait le danger. On panique. On ne se contrôle plus.

Il y a aussi la peur de l'autorité. Quand l'autorité – les parents, les enseignants, la police, l'autorité administrative, etc. – devient une menace, l'être perd pied. Il ne sait plus comment affronter cette menace. Il se sent faible, abandonné.

Des élèves n'aiment pas l'école parce qu'ils ont peur de ne pas savoir leur leçon. Ils ont peur de la sévérité du prof qui peut leur infliger une punition.

Mais l'école ne doit pas être le lieu de la peur. Au contraire, c'est le lieu du savoir, de l'apprentissage, des rencontres et même de la joie. On doit apprendre des nouvelles choses dans la gaieté et la joie. On est heureux de s'enrichir mentalement.

Enfin, il y a la peur de la peur. On s'imagine qu'on va perdre l'équilibre si on ne prend pas des dispositions pour écarter la peur. C'est une forme particulière d'inquiétude et d'**angoisse**.

La peur est un sentiment qu'on partage avec certains animaux.

à toi de jouer

Tu aimes peut-être les films et les histoires qui font peur.
Que ressens-tu en les regardant ou en les écoutant ?
Pourquoi aime-t-on « jouer à se faire peur » ?

*

→ ANGOISSE

C'est avoir le cœur serré, une boule dans la gorge, souffrir sans savoir pourquoi.

L'angoisse s'annonce par un malaise physique. On sent qu'on va étouffer, on a peur de ne plus respirer et on imagine le cœur s'arrêter d'un moment à l'autre.

C'est aussi une sensation de perte. On voit tout en noir. Rien ne nous rassure.

On peut être angoissé la veille d'un examen ou d'un concours. Ces moments d'interrogation où l'on n'est pas sûr de soi sont normaux, et il est possible de les dépasser.

Mais l'angoisse la plus dure est celle qui arrive sans raison apparente. Comme un mal de tête qui s'empare de vous et vous empêche de vivre normalement. Sauf que l'angoisse travaille l'esprit et le corps. On remarque que la tension artérielle du sang augmente sous son effet. On est perturbé surtout quand on n'arrive pas à situer l'origine de cet état.

Aujourd'hui, on ne dit plus « je suis angoissé », on dit « je suis stressé », ce qui n'est pas tout à fait la même chose. Le stress est une pression qu'on subit en vue de la réalisation de quelque chose. On est sous pression. Il nous aide à accomplir des choses, mais au-delà d'un certain seuil, il est dangereux et provoque des perturbations physiques et mentales.

L'angoisse implique la peur ainsi que la notion de désastre. Si elle persiste, on parle de **dépression**.

à toi de jouer

Qu'est-ce qui t'angoisse ? L'école ? L'obscurité ? Les accidents ? L'avenir ?

*

→ DÉPRESSION

Une dépression survient après l'accumulation d'un certain nombre de contrariétés professionnelles, personnelles, intimes, des échecs répétés, un choc psychologique important, un accident, une rupture amoureuse ou amicale, un divorce, un deuil, etc.

La dépression s'annonce par des insomnies répétées et dures. Ensuite, on ne trouve plus goût à la vie en général, à son travail, à sa famille, à ses amis. On se sent inutile, sans qualités, avec un sentiment d'abandon et de solitude.

La dépression fait qu'on n'a plus d'estime de soi ; on se méprise, on dit « je suis nul(le) », « je ne sers à rien », « je ne vaux rien », « je n'ai goût à rien », etc.

La dépression est une maladie qui se soigne. Cela prend du temps, mais si on décide de la soigner, on peut en guérir.

La dépression peut frapper à n'importe quel âge. Les enfants peuvent eux aussi avoir une dépression à la suite du divorce brutal des parents, d'un grand échec scolaire, ou d'une déception amoureuse, d'un chagrin d'amour – lequel est souvent pris à la légère par les parents s'ils ne le comprennent pas. Cette dépression viendrait de la solitude dans laquelle se trouve l'enfant incompris ou mal aimé.

Ce malaise, ce mal-être, est fréquent. Il faut consulter un psychiatre, qui est une sorte de médecin de l'âme.

La guérison prend beaucoup de temps, elle nécessite de la patience et de l'aide. Elle exige aussi du **courage**.

à toi de jouer

Quels sont, à ton avis, les signes avant-coureurs de la dépression ?

*

→ COURAGE

Le courage naît de la peur d'avoir peur ; on anticipe, on prévoit ce qui pourrait arriver en cas de danger et on fait face.

Quand on parle de courage, on pense souvent au courage physique, le fait de s'exposer volontairement à des dangers corporels, au risque de perdre sa vie. Par exemple, le pompier qui monte sur une échelle très haute pour éteindre les flammes sait qu'il risque sa vie. Il le fait parce qu'il est courageux, et il a choisi ce métier parce que être pompier, c'est être au service de la société, cela donne un sens à sa vie.

Il y a aussi le courage de la pensée, le fait de dire ce qu'on pense sans rien dissimuler. C'est ce qu'on appelle être franc. La franchise est l'expression directe du courage. La franchise s'accompagne de sincérité. On ne ment pas, on dit ce qu'il y a à dire même si cela fâche notre interlocuteur.

Le courage politique consiste à dire la vérité au peuple, à ne pas l'endormir avec de belles paroles. On sait qu'en étant courageux, on risque de perdre l'appui du peuple, car personne n'aime qu'on lui dise ses vérités en face. Le 13 mai 1940, Churchill a dit dans un discours fameux : « Je n'ai à offrir que du sang, du labeur, des larmes et de la sueur. »

Enfin, il y a le courage d'être soi-même, de s'assumer tel qu'on est et de ne pas feindre un comportement pour ne pas choquer ou mettre mal à l'aise la famille ou la société.

On peut assumer son orientation sexuelle, comme on doit assumer ses choix politiques et philosophiques.

à toi de jouer

Que préfères-tu : le courage physique ou le courage moral ?

*

→ HOMOSEXUALITÉ

C'est une relation affective et amoureuse entre deux personnes du même sexe. C'est une forme de sexualité qui se pratique entre deux êtres de même sexe ; un homme fait l'amour avec un homme, une femme fait l'amour avec une femme parce qu'ils éprouvent une attirance réciproque.

L'écrivain français Jean Genet disait : « Je suis homosexuel comme j'ai les yeux bleus », cela signifie qu'il n'a pas choisi de naître avec des yeux bleus, comme il n'a pas choisi de désirer des hommes plutôt que des femmes. Autrement dit, un homosexuel vit sa sexualité comme quelque chose de normal, de naturel. Mais il peut arriver que la société considère que l'homosexualité est une pratique contre-nature et anormale.

Mais de quel droit condamner une personne du simple fait qu'elle n'a pas la même orientation sexuelle que soi ?

Aujourd'hui, les homosexuels continuent de lutter pour que le regard de la société change et qu'on les considère comme des êtres « normaux ».

Ce n'est ni un vice ni une maladie.

Des progrès ont été réalisés : en 2019, un sondage révélait que 85 % des Français considèrent que l'homosexualité est « une manière acceptable de vivre sa vie », contre 24 % en 1975.

La loi du 17 mai 2013 autorise en France le mariage homosexuel. Les mariés homosexuels ont les mêmes droits que les mariés hétérosexuels, c'est-à-dire les mariés de sexe différent.

La France est le quatorzième pays au monde à autoriser le mariage entre homosexuels.

Ailleurs, l'homosexualité est considérée tantôt comme une maladie d'ordre psychiatrique, tantôt comme un crime. Dans certains pays, elle est punie par la prison et même par la peine de mort.

à toi de jouer

Élimine de ton vocabulaire des mots comme «pédé», «tantouse», etc. Ce sont des insultes intolérables.

*

→ NORMALITÉ

Normal, anormal.

Nous sommes tous différents. Ce qui est normal, c'est ce qui répond aux critères que pose la société, c'est aussi généralement ce qui est établi à partir d'une simple « moyenne ».

On considère encore trop souvent qu'un être différent, physiquement ou mentalement, est anormal uniquement parce qu'il n'est pas comme les autres.

Le regard qui se pose alors sur l'être différent est souvent un regard de supérieur à inférieur. Ce n'est pas juste.

Si la normalité est la règle générale, il faut admettre qu'il existe des exceptions et qu'elles peuvent être nombreuses. Faire partie d'une catégorie qui sort de la norme ne justifie pas d'être traité en inférieur ou avec moins de respect.

Les personnes handicapées constituent ici un exemple qui nous impose de faire attention aux mots que l'on utilise pour les désigner et de ne pas en faire des individus de moindre importance. En outre, les accidents de la vie, ça n'arrive pas qu'aux autres. N'importe qui peut, un jour, se retrouver frappé par le malheur et perdre son aspect dit « normal ».

à toi de jouer

Essaie de définir « un homme normal ».

*

→ HANDICAP

Un enfant peut naître avec une malformation, avec un manque, ou avec une déficience, c'est-à-dire avec une faiblesse neurologique qui va retarder son évolution ou même le maintenir dans un état où il ne sera jamais autonome. C'est ce qu'on appelle un handicap, ce qui empêche de grandir normalement et de vivre sans avoir besoin d'assistance.

Il y a plusieurs genres de handicaps, des plus légers aux plus graves. Certains sont d'ordre physique (ce qu'on appelle un handicap « moteur »), d'autres d'ordre psychologique et neurologique, lorsque le cerveau ne fonctionne pas correctement.

Le handicapé n'est pas responsable de son handicap. C'est pour cela qu'il ne faut jamais poser sur lui un regard de supérieur. Chacun peut se retrouver un jour handicapé. Un accident peut arriver et rendre un sportif champion du monde incapable d'utiliser ses jambes. Donc, nous devons absolument éduquer notre regard pour qu'il ne porte pas de jugement.

Un exemple célèbre : celui de l'acteur américain Christopher Reeve qui avait interprété le rôle de Superman dans des films entre 1978 et 1987.

Un jour de 1995, il a fait une terrible chute de cheval. Sa monture a refusé de sauter un obstacle et l'acteur d'un mètre quatre-vingt-treize a été désarçonné. En tombant, il s'est brisé deux vertèbres cervicales et sa moelle épinière a été sectionnée. Il est devenu tétraplégique, incapable de se lever ni de bouger ses jambes et ses bras. Il est resté prisonnier de son corps durant neuf ans. Il est mort à l'âge de 52 ans, le 10 octobre 2004.

Ainsi, de Superman à l'infirmité et à la mort, parfois, il n'y a qu'une fraction de seconde. N'importe qui peut un jour perdre sa « normalité » et se retrouver handicapé lourdement.

Un handicapé a les mêmes droits qu'une personne valide, en bonne santé.

La société a le devoir de prendre en charge certains handicapés dans la mesure où leurs familles n'ont pas les moyens ou les capacités pour s'en occuper. Il est des handicapés qui vivent avec beaucoup de difficultés. Ils sont en général placés en institution spécialisée.

Malheureusement, beaucoup de pays se soucient peu de leurs handicapés.

Une personne en fauteuil roulant veut aller au premier étage, mais il n'y a ni rampe ni ascenseur. Par quoi est-elle vraiment handicapée ? Par son fauteuil ou parce qu'il n'y a pas d'ascenseur ? La leçon de cette histoire est que le handicap est aussi proportionnel à ce qu'on ne met pas en place pour en compenser les effets. Moins la société s'intéresse aux handicapés, plus fort est leur handicap.

à toi de jouer

Pour comprendre ce que c'est que vivre en tant que handicapé, ferme les yeux et essaie de vivre comme si tu étais aveugle. Tu peux aussi imaginer que tu es sourd et muet, ou sans jambes, etc.

*

→ ASSISTANCE

Quand on vit en société, il est du devoir de chacun de venir en aide à une personne en danger, évidemment selon ses possibilités. Si, par exemple, tu vois un homme en train de frapper un enfant, tu dois intervenir ou du moins appeler la police pour sauver l'enfant des coups qu'il reçoit.

Ne pas intervenir, être indifférent, est condamnable. De nos jours, quand il y a une bagarre ou un accident, le premier réflexe de beaucoup de gens est de sortir leur téléphone pour filmer. Au lieu d'appeler les secours, on filme.

C'est ce qu'on appelle de la « non-assistance à personne en danger ». C'est même puni par la loi.

Assister veut dire aider. Le principe est d'agir, de ne pas rester à regarder ce qui se passe comme si c'était un spectacle.

De même, l'État assiste les citoyens qui ont des difficultés pour vivre. Il leur donne une somme d'argent par mois en attendant qu'ils trouvent un travail.

Cette aide sociale concerne aussi bien les personnes âgées au faible revenu que les personnes handicapées. Elle peut aussi concerner des enfants ou adolescents que l'État retire de leur famille parce qu'ils sont maltraités ou témoins de violences. Ils sont placés dans des familles d'accueil ou dans des établissements spécialisés. Là au moins, on les protège des violences qui peuvent exister dans un couple.

Mais il ne faut pas que cette assistance devienne définitive. On aide quelqu'un qui est dans une situation difficile en attendant que sa situation s'améliore.

En revanche, on doit assister durablement les personnes âgées, malades ou sans ressources, et qui vivent dans une affreuse solitude. C'est selon les capacités de chacun. En général, puisque nous vivons ensemble, nous devons nous entraider quand cela est possible.

J'ai été personnellement choqué en 2003, l'été de la grande canicule en France, lorsque j'ai appris que plus de dix-neuf mille personnes âgées étaient mortes par manque d'assistance et surtout parce qu'elles avaient été abandonnées par leurs enfants partis en vacances. Une société où on abandonne les vieux est une société qui a renoncé à certaines de ses valeurs.

à toi de jouer

Venir en aide aux autres en difficulté doit être naturel.
Donne des exemples où cette aide doit
être automatique.

*

ÉGOÏSME

L'égoïste est celui qui pense d'abord à lui-même. C'est celui qui met son moi, son ego (en latin, *ego* veut dire « je ») en avant. Il ne pense pas aux autres. Il part du principe que chacun se débrouille ; il avance, même s'il faut bousculer ceux qui sont sur sa route.

L'égoïste n'est préoccupé que par lui-même, par ses intérêts, par ce qu'il peut avoir.

L'égoïste est proche de l'avare, sauf que l'égoïste peut dépenser sans compter tant qu'il s'agit de son plaisir.

Victor Hugo a dit que dans l'égoïsme, le moi est « si enflé qu'il ferme l'âme ». Autrement dit, il est tellement présent qu'il ne laisse plus de place à d'autres actions ou sentiments. L'âme se trouve empêchée de vivre et de s'épanouir.

L'égoïste est en même temps égocentrique : il ramène tout à lui, il se considère comme le centre de tout.

Si, dans une société, tout le monde était égoïste, on ne pourrait pas vivre ensemble.

Le contraire de l'égoïsme : l'altruisme (être préoccupé de ce qui arrive à autrui, c'est-à-dire aux autres), la **générosité**, le désintéressement.

à toi de jouer

Que penses-tu de cette définition de l'égoïsme : « L'égoïste est celui qui ne pense pas à moi ! » ?

*

→ GÉNÉROSITÉ

Être généreux, c'est donner de son temps, de son argent, de sa disponibilité à ceux qui en ont besoin. C'est donner sans attendre quelque chose en retour. On ne donne pas en pensant à ce que cela pourrait rapporter.

L'être généreux n'est pas quelqu'un d'intéressé ou de calculateur. Au contraire, La générosité, c'est la gratuité du geste et de l'acte.

La générosité des sentiments implique d'avoir un grand cœur, une capacité à s'intéresser aux autres, à les aider, à les soutenir et aussi à avoir pour eux de l'affection.

On peut dire que s'il y avait une vraie justice entre les hommes, si chacun avait ce qui lui revient, on n'aurait pas besoin de générosité. Mais la générosité est différente ou complémentaire de la justice. Elle comble un manque, apporte un réconfort, elle donne. La justice relève de la raison, la générosité vient de l'intelligence du cœur, c'est une forme de bonté.

La générosité est une forme d'élégance de l'esprit et de l'âme, une des qualités rares et très appréciées en société, une **vertu** qui rend l'homme meilleur.

n'oublie pas

La générosité doit être discrète ; celui qui fait savoir partout qu'il a été généreux est en contradiction avec cette vertu.

*

VERTU-VICE

Pour un homme, respecter les valeurs sur lesquelles une société est fondée implique d'être vertueux.

La vertu consiste à respecter ces valeurs (des règles de vie), à les mettre en pratique dans la vie de tous les jours et à les défendre quand elles sont attaquées, moquées ou ignorées.

La vertu est une morale en soi. Et la morale consiste à suivre des règles qui permettent de vivre ensemble, même si elles contrarient mes intérêts ou mon égoïsme.

L'être moral est en accord avec sa conscience.

Avoir bonne conscience, c'est être en règle avec les lois morales.

Être « immoral » est une chose, être « amoral » en est une autre. Immoral : être contre la morale. Amoral (le préfixe a- est privatif) : être hors de la morale. C'est vivre en ignorant volontairement les exigences des conventions morales. Se tenir en marge de la société. D'une certaine façon, c'est le cas des **anarchistes**.

Le vice est un défaut, une volonté de faire le mal, d'attaquer et de ruiner la vertu. Être vicieux, c'est avoir des idées négatives, mauvaises, les mettre en pratique afin d'obtenir par un moyen illégal ce que seuls le droit et la loi peuvent nous accorder. Le vicieux est souvent très malin, il n'affiche pas tout de suite ses intentions. C'est quelqu'un qui n'hésite pas à vous induire en erreur, à vous « mener en bateau ».

Le vice est une sorte de trahison du bien, de l'honnêteté et de la bonne foi. Le vicieux se moque de la morale.

Le vice peut cacher des perturbations mentales, parfois des complexes, des malaises, des maladies de l'esprit. Le vicieux va par exemple détourner un enfant du droit chemin pour abuser de lui et profiter de son innocence et de son manque de vigilance. Cela peut aussi se manifester par ce qu'on appelle de la **pédophilie**. Le pédophile est un individu qui désire sexuellement des enfants, ce qui est un vice inacceptable et injustifiable.

Le vice entraîne souvent la trahison, le vol, le mensonge, l'arnaque, la fraude, etc. Quand on est gouverné par le vice, on est disposé à faire le mal, à user par exemple de la violence dans les rapports humains. Un mari vicieux va battre sa femme et dans certains cas la tuer. En France, les statistiques montrent qu'une femme meurt tous les deux jours sous les coups de son mari ou de son conjoint.

à toi de jouer

Le philosophe Platon disait que personne n'était réellement méchant volontairement. Qu'est-ce que tu en penses ?

*

→ PÉDOPHILIE

« Pédo » vient du mot grec *païs* qui signifie « enfant », et « philie » est issu de *philein*, « aimer » en grec.

Au sens étymologique, la pédophilie est donc le fait d'aimer les enfants. Pourtant, attention, il ne s'agit pas d'un amour comme on l'entend entre une mère et son enfant, mais de quelque chose de grave et d'interdit.

Le pédophile est une personne adulte qui est attirée physiquement, sexuellement par des enfants. Il aime les séduire et ensuite abuser d'eux par des attouchements, des caresses ou même en pratiquant l'acte sexuel avec eux. Il profite de leur innocence, de leur ignorance et parfois de leur naïveté et de leur attraction pour de petits profits (cadeaux).

Le pédophile est en fait un **pédosexuel**.

Les agressions sexuelles commises par un pédophile sont un délit, ou un crime en cas de viol, tous deux punis par la loi.

La pédophilie est une maladie difficile à soigner. C'est un trouble psychique. Certains, même après un traitement psychiatrique, après un long séjour en prison, se livrent à de nouvelles agressions sur des enfants à leur sortie. C'est ce qu'on appelle une récidive.

Il ne faut pas avoir honte ou peur de se confier aux parents (ou à l'infirmière de son école) si par malheur une personne adulte cherche à abuser d'un enfant. Il en est de même de l'**inceste**.

n'oublie pas

Il n'y a aucune honte à dénoncer la personne, quelle qu'elle soit, qui tente d'abuser d'un enfant. Il faut parler, crier, dénoncer celui ou celle qui tente de profiter de votre innocence ou de votre naïveté pour vous exploiter sexuellement.

à toi de jouer

Certains pédophiles prétendent que leurs victimes ont été consentantes et qu'ils n'ont donc pas abusé d'elles. Même dans les cas où, en apparence, il n'y avait pas de violence, pourquoi ce raisonnement ne tient-il pas debout, d'après toi ?

*

→ INCESTE

L'inceste est un rapport physique, donc sexuel, entre un parent et un enfant, un adolescent ou un adulte de la même famille.

En France, lorsque l'inceste implique un adulte et un enfant de moins de 15 ans, c'est un délit ou un crime puni par la loi.

Même au-delà, entre 15 et 18 ans, cela reste interdit par le droit qui considère alors qu'une personne ayant autorité a abusé d'un mineur – le père, l'oncle, le frère, la sœur, le grand-père, etc. Après la majorité, ce n'est plus un problème de légalité, mais cela reste un scandale moral inacceptable.

L'inceste est un abus de la confiance qu'un enfant peut avoir en un parent, celui-ci profite de sa position d'autorité : je suis le père ou le grand frère, c'est moi qui décide. Il joue sur cette peur et menace. Il peut se montrer violent. Le silence autour de ce délit a des conséquences très graves sur l'équilibre et la santé mentale de l'enfant ou de l'adolescent abusé.

L'interdiction de l'inceste est la base de la société et de la cellule familiale. Si la famille se contente de se reproduire en interne, c'est-à-dire en faisant des enfants entre les membres les plus proches d'une même famille, il n'y aura plus de société. Ce sera la fin de l'humanité.

Comme pour l'agression pédophilique, il faut oser briser le silence et dénoncer tout attouchement ou relations sexuelles entre un adulte et un enfant membres de la même famille.

n'oublie pas

Comme pour la pédosexualité, il n'y a pas à avoir honte ni peur d'en parler et de dénoncer l'auteur de ce crime.

*

→ ANARCHIE

L'anarchie est le refus de tout commandement, c'est-à-dire de tout ordre donné. « Archie » vient du grec *arkhein*, qui veut dire commandement ; et le préfixe a- est privatif, il indique l'absence de quelque chose.

La devise des anarchistes est : « Ni Dieu ni maître. » C'est une idée particulière de la liberté. Pas de patron, pas de chef, pas d'ordre à recevoir, qu'il soit militaire ou religieux.

C'est le refus de l'État et de l'ordre établi.

L'État est pourtant ce qui garantit la sécurité (la police a pour mission de vous protéger et d'arrêter les agresseurs, les criminels, les voleurs, etc.) et l'application des lois dans une société (l'exercice de la justice ; rendre justice à celui qui a été victime d'une agression, d'un vol, d'une tentative d'homicide, etc.).

Pour les anarchistes, l'État est ce qui empêche la liberté de l'individu de s'exprimer.

Les anarchistes refusent l'existence de toutes les institutions, et se battent contre elles, par exemple, le Parlement, l'université, l'administration, l'armée, etc. Ils sont pour le désordre, pour une liberté totale et sans entraves. Toute loi ou décision qui limiterait la liberté de l'individu est refusée, rejetée.

Dans l'histoire, ce refus s'est parfois manifesté par de la violence ; certains anarchistes se sont contentés d'écrire des livres pour expliquer leur pensée, d'autres ont choisi de faire couler le sang et ont été des **terroristes**.

à toi de jouer

Imagine une école où il n'y a pas de règlement, pas d'autorité, pas de discipline, pas d'emploi de temps, pas d'ordre. Imagine, et dis ce que tu vois.

*

→ TERRORISME

Le terrorisme consiste à semer la terreur dans une société. L'origine du mot vient du latin *terrere* : « effrayer, faire trembler ». Le terrorisme est ce qui fait trembler une société.

Il frappe souvent au hasard et tue des innocents. C'est la contestation la plus brutale d'un système politique.

L'objectif du terrorisme est de répandre la peur et la panique dans une société qu'il conteste. Le terroriste attaque les fondements de la société pour obliger l'État à tenir compte de ses revendications.

Le terrorisme est une guerre aveugle, sans visage, que des individus mènent contre l'État et la sécurité des citoyens pour des raisons souvent absurdes et éloignées de la réalité.

La lutte contre ce fléau est difficile, car c'est un adversaire qui agit dans la clandestinité : il se cache et frappe au moment où l'on s'y attend le moins.

Aucune raison ne peut justifier l'assassinat d'innocents pris au hasard.

à toi de jouer

Il est des pays (comme les États-Unis) où la vente des armes est libre. Trouves-tu cela normal ?

*

→ RÉSISTANCE

La résistance est le fait de ne pas accepter une situation que nous trouvons injuste, comme l'occupation par une puissance étrangère du pays auquel on appartient.

Ce refus peut s'exprimer par des actions violentes, des sabotages et même l'assassinat de soldats occupants.

À partir de 1940, la France a connu une période importante de son histoire où des hommes et des femmes se sont levés pour refuser l'occupation allemande, là où d'autres choisissaient de se taire ou bien de collaborer avec l'ennemi.

C'est en partie grâce au courage des résistants que la France a pu être libérée des occupants allemands.

Il existe aussi une autre forme de résistance, appelée résistance passive : c'est la non-violence. On proteste sans avoir recours aux armes. Quand l'Inde était une colonie de l'Empire britannique, Gandhi a été un grand partisan de la « résistance par la non-violence ». Il disait : « La non-violence est la plus grande force que l'humanité ait à sa disposition. Elle est plus puissante que l'arme la plus destructrice inventée par l'homme. »

Il a ainsi joué un rôle important dans l'accession de l'Inde à l'indépendance. Mais cette forme de résistance ne réussit pas toujours face à la barbarie. D'ailleurs, Gandhi est mort assassiné par un fanatique le 30 janvier 1948.

Ceux qui commettent des attentats contre l'occupant ne sont pas des terroristes. Ce sont des résistants qui s'en prennent surtout aux militaires et à la police d'occupation. Le terroriste, au contraire, s'attaque juste à des civils sans défense pour semer la peur. Parfois des terroristes se cachent derrière une **religion** et agissent en son nom pour justifier leurs crimes.

à toi de jouer

Certaines personnes, des adultes, ont résisté contre l'occupation de la France par les Allemands durant la Seconde Guerre mondiale. La Résistance a été une arme décisive pour la libération de la France.
Quand on a ton âge, à quoi doit-on résister, selon toi ?
(Nous sommes, en Europe, heureusement en temps de paix, ce qui n'est hélas pas le cas dans certains pays d'Afrique, du Proche-Orient…)

*

→ RELIGION

La religion est ce qui relie des personnes, par une même croyance, par l'adoration d'un même dieu, par des valeurs qui fondent cette religion. Le mot « religion » est issu du latin *ligare*, « lier ». Dans « religion », il y a la notion de lien.

De tout temps, l'homme a eu besoin de quelque chose en quoi croire. Il a besoin de trouver des réponses à des questions qu'il se pose et qui créent chez lui de l'angoisse. Pour apaiser cette inquiétude – la peur de l'inconnu, la peur de la mort et de ce qui l'attend dans sa représentation de l'au-delà –, il se réfère par le biais de la religion à une divinité, un être supérieur qui est au-dessus de tous les hommes et dont le rôle est de régenter le monde.

Les religions s'appuient sur des textes sacrés qui établissent les valeurs fondamentales qu'elles défendent et qui donnent un sens à l'existence, à la vie, à la mort, à l'inconnu.

Dans notre monde occidental, les trois religions les plus répandues sont des religions monothéistes, c'est-à-dire qui reposent sur la croyance en un seul dieu (*mono* veut dire « unique ») : ce sont le judaïsme, le christianisme et l'islam, la dernière religion révélée, soit fondée sur une parole que les adeptes estiment révélée par des prophètes.

Il est demandé aux fidèles de croire, d'avoir la **foi**.

La France est depuis 1905 un État **laïque**, c'est-à-dire où la religion est séparée de l'État.

Ce que l'État laïque garantit, c'est la liberté pour chaque citoyen de croire ou de ne pas croire. Personne, croyant ou non croyant, n'a le droit de contester cette liberté.

La laïcité n'est pas le refus ou la haine des religions. La laïcité exige que la religion reste dans le domaine personnel et privé, et qu'elle ne se mêle pas de l'éducation, par exemple, ou de politique, bref de tout ce qui est public.

Si je crois ou si je ne crois pas, cela ne regarde personne. C'est mon droit et ma liberté. Je peux exercer ma foi ou ne rien faire, personne n'a le droit d'intervenir dans mon choix.

à toi de jouer

Penses-tu qu'on doit adopter naturellement la religion de ses parents, ou bien choisir sa religion ou son absence de religion ?

*

→ FOI

Avoir la foi, c'est croire. Croire par exemple en l'existence de Dieu et aux enseignements d'une religion.

La foi ne s'explique pas. Quand on dit « j'ai la foi », cela veut dire « je crois et je n'ai pas d'explication à donner ». C'est une conviction intime qui ne se discute pas. Soit on a la foi, soit on ne l'a pas. C'est ainsi. Mais on peut aussi la perdre au cours d'une vie, à l'occasion d'un événement grave, d'un traumatisme, d'un choc psychologique qui balaie tout sur son passage. Le cas inverse est possible : certaines personnes retrouvent la foi à l'occasion d'un drame, d'une tragédie personnelle. Elle devient alors un refuge.

« Avoir la foi » et « être de bonne foi » n'ont pas du tout la même signification.

Être de bonne foi, cela veut dire qu'on est sincère et qu'on ignore les lois, les règles que l'on n'a pas respectées.

Par exemple : l'école a un règlement intérieur. Il arrive qu'un élève n'en respecte pas certaines règles, non parce qu'il refuse de les respecter mais parce qu'il ne les connaît pas. Il est alors de bonne foi.

Normalement, quand on reconnaît que vous êtes de bonne foi, on se montre compréhensif.

Être de mauvaise foi, c'est au contraire le fait d'affirmer quelque chose de faux en sachant que c'est faux. Non seulement on le sait, mais on persiste dans ce qu'on dit.

Un exemple de mauvaise foi : vous déclarez, par provocation : « Les Américains ne sont jamais allés sur la Lune, c'est de la propagande. » Vous savez pertinemment que c'est une affirmation fausse, parce qu'il s'agit d'un fait historique. Cela rappelle celui qui, tout en sachant que la Terre est ronde, dit que la Terre est plate.

Un exemple de bonne foi : le jour d'un examen, vous vous présentez et vous vous rendez compte que vous n'avez pas votre carte d'identité sur vous. Vous dites : « Je l'ai oubliée », ce qui est la vérité.

Autre exemple : vous n'avez pas terminé votre devoir à temps parce que vous pensiez en toute bonne foi qu'il fallait le remettre un autre jour.

à toi de jouer

Donne d'autres exemples de bonne et de mauvaise foi.

*

→ LAÏCITÉ

La laïcité, ce n'est pas le refus ou la haine de la religion. C'est le fait de considérer que la religion relève de la sphère privée et qu'elle ne doit pas intervenir dans la scène publique. Ainsi, en France, la loi du 15 mars 2004 interdit à l'école le port des signes religieux assez visibles. On n'a pas le droit de venir à l'école en portant une kippa sur la tête pour les garçons de religion juive, ou un voile pour les filles musulmanes, ou une grande croix volontairement affichée pour les chrétiens.

L'école publique doit préserver l'unité de la communauté des élèves, qui sont différents bien sûr les uns des autres, mais qui doivent mettre de côté leur appartenance religieuse.

Mise à l'écart de certains établissements et lieux publics (les écoles, les mairies, les tribunaux...), la religion n'est pas absente pour autant de la vie sociale et culturelle. Chacun a le droit de pratiquer sa religion, d'aller à la messe, à la synagogue ou à la mosquée, ou de fêter un mariage selon des rites différents.

L'État n'a pas le droit de financer avec l'argent des contribuables, c'est-à-dire des citoyens qui paient des impôts, des projets d'ordre religieux, par exemple, la construction d'une mosquée, d'une synagogue ou d'une église.

La France a réussi, après de longs débats et disputes, à imposer une loi séparant l'État de l'Église catholique et par extension de toutes les religions. C'est la loi de séparation des Églises et de l'État, votée en décembre 1905 par la Chambre des députés.

à toi de jouer

Penses-tu que la laïcité est une contrainte ou une liberté ?

*

→ ATHÉISME

L'athée est celui qui ne croit pas en Dieu.

Tout être a le droit absolu de croire ou de ne pas croire en Dieu. C'est une liberté fondamentale de l'individu. Nul n'a le droit de punir une personne à cause de ses convictions religieuses ou non religieuses.

L'athéisme est une forme de liberté qu'on ne peut négocier.

On peut être athée après avoir douté et réfléchi à la question de l'existence ou de la non-existence de Dieu, comme on peut être croyant par conviction personnelle, par l'étude des textes sacrés ou par convenances familiales.

à toi de jouer

Que penses-tu de cette boutade d'un cinéaste espagnol, Luis Buñuel : « Je suis athée, grâce à Dieu ! » ?

*

→ LIBERTÉ DE CONSCIENCE

C'est la liberté donnée à l'individu de croire ou de ne pas croire en Dieu, de disposer de sa liberté de jugement pour décider seul de ses croyances ou de ses non-croyances.

Dans certains pays, notamment musulmans, cette liberté de conscience est refusée aux individus (sauf en Tunisie, l'unique pays musulman à avoir inscrit ce droit dans sa Constitution).

Dans un pays dont l'islam est religion d'État, ne pas croire en Dieu est passible de prison. Il n'y a pas de liberté de conscience.

Celui qui affirme publiquement son athéisme alors qu'il a été élevé dans la religion musulmane est déclaré « apostat » et est passible de la peine de mort, notamment dans des pays comme l'Arabie saoudite ou l'Égypte.

La liberté de conscience est un droit fondamental qu'il faut défendre absolument.

À notre époque où cohabitent des populations très diverses dans la plupart des pays (la population européenne compte en son sein de plus en plus d'immigrés venus de pays et de cultures différents), la liberté de conscience doit s'imposer partout, car elle fait partie de la dignité humaine, valeur reconnue par toutes les religions ainsi que par les non-croyants. C'est une des conditions pour que tout le monde vive dans la paix malgré ses différences.

à toi de jouer

Peut-on se passer d'une telle liberté ?

*

→ LIBERTÉ

Être libre, c'est être sans contraintes, être autonome et ne dépendre de rien ni de personne. C'est ne pas être en prison, où l'on est « privé de liberté ». Mais il y a d'autres manières d'être captif : par exemple, quand on est sous la domination de quelqu'un ou de quelque chose. Quelqu'un qui se drogue n'est pas libre ; il dépend de sa dose de drogue pour vivre. Une personne qui joue au casino n'est pas non plus tout à fait libre. Elle est sous la domination d'une addiction au jeu. Elle ne peut pas s'en passer, c'est exactement comme une drogue.

La liberté est le bien le plus précieux que réclame chaque être au monde. C'est pour elle qu'on fait parfois la guerre, qu'on mène des combats acharnés, qu'on travaille durement pour ne plus dépendre des autres, etc.

Il y a la liberté physique. Personne ne nous retient, nous sommes libres de nos mouvements. Si j'ai envie de sortir de chez moi, je sors. Mais il y a aussi la liberté de l'esprit. Avoir l'esprit libre, c'est être disponible, n'être encombré par rien, ni par des préjugés, ni par un conditionnement, ni par des conventions sociales, et pouvoir penser à sa guise.

La liberté s'exprime par les exigences de l'esprit. Elle consiste à faire tout ce qu'on a envie de faire à condition de ne pas nuire aux autres.

En effet, il ne s'agit pas de faire n'importe quoi sous prétexte qu'on est libre. On doit tenir compte de la vie des autres. Ainsi ma liberté a des limites. Elle n'est pas absolue. Comme le dit le proverbe, elle s'arrête là où commence celle d'autrui. Je n'ai pas le droit d'empiéter sur sa propre liberté.

On appelle « libre-penseur » quelqu'un qui a un tel détachement à l'égard des dogmes, c'est-à-dire de ce qui est présenté comme une vérité indiscutable, de la religion par exemple, qu'il n'hésite pas à les remettre en cause. Il refuse

d'être prisonnier de telle ou telle affirmation qui repose sur des croyances et non sur la raison.

La liberté est une valeur *éthique*, une qualité d'être au monde.

Qu'en est-il, enfin, de « la liberté d'expression » ? Doit-on tout dire et ne rien cacher ? La liberté d'expression est un droit fondamental que garantit la démocratie. Mais ce droit ne peut pas être absolu, c'est-à-dire total et sans limites. Ce droit doit tenir compte des autres valeurs, comme celle de respect des personnes, quelles que soient leur religion et leurs origines.

Le racisme détourne parfois ce droit pour porter des jugements volontairement insultants à l'égard des autres, uniquement pour les rabaisser. Le fait de dire par exemple que « tous les musulmans sont des cons » ou que « les Juifs sont obsédés par l'argent » ne peut se cacher derrière la liberté d'expression pour trouver une excuse. Ce sont des attaques, des insultes. On n'a pas le droit d'insulter et d'attaquer les personnes ayant une autre religion que la nôtre. Cela n'interdit pas de critiquer les croyances si on en a envie, mais en laissant les croyants tranquilles.

à toi de jouer

Doit-on, en application de la liberté d'expression, publier des dessins qui caricaturent un prophète ?

*

→ DÉONTOLOGIE

Alors que les lois morales doivent être respectées en toutes circonstances, certaines règles s'appliquent plus précisément à un métier, à une fonction. Elles constituent des déontologies. Elles sont indispensables pour des professions dont les membres ont une force, une autorité, une responsabilité particulière : médecins, journalistes, policiers…

La déontologie est une forme d'**éthique**. On respecte des règles précises dans son métier, dans ses rapports avec les autres, en refusant que des intérêts privés soient satisfaits à la place de l'intérêt général. Autrement dit, on ne doit pas profiter de sa situation de pouvoir pour en tirer quelque bénéfice.

Le journaliste, par exemple, doit avoir une déontologie ; il ne doit pas confondre ses propres intérêts et opinions avec l'information qu'il délivre, qui doit être objective et sans préjugés. Un journaliste sans déontologie devrait être exclu de ce métier. Il en est de même d'autres professions.

Un juge sans déontologie est un juge corrompu. C'est intolérable.

Un policier qui confond son devoir et son envie de se venger ou de mettre en pratique ses idées politiques quand il porte l'uniforme est quelqu'un qui manque de déontologie.

C'est le respect de la déontologie qui donne confiance à celui qui passe en jugement face à son juge, ou au malade face à son médecin.

Si on sait, comme cela est courant dans certains pays, qu'on peut « acheter » un juge ou un policier, on est dans une société où il n'y a pas de déontologie.

à toi de jouer

Cite des exemples de manque de déontologie que tu as remarqués autour de toi.

*

→ TOLÉRANCE

Tolérer, c'est accepter un fait ou une situation qui pourraient nous déranger ou qui ne sont pas dans nos coutumes.

La tolérance se dit du fait d'accepter l'existence d'autres croyances, d'autres religions, d'autres visions du monde. C'est accepter que l'autre puisse adorer un autre dieu que le mien, c'est ne pas être choqué par ses coutumes et ses habitudes culturelles. C'est faire preuve d'ouverture d'esprit, de compréhension et d'intelligence en reconnaissant que les autres ont autant de droit d'exercer leurs croyances que moi, les miennes. C'est reconnaître la diversité de l'être humain et de ses convictions.

Mais faut-il tout tolérer? Non. La tolérance a des limites. Même si je suis ouvert aux idées des autres, je ne peux pas accepter un comportement raciste, par exemple, ou une manifestation qui appelle au crime, ou encore une idéologie qui renoue avec le nazisme qui a tué plusieurs millions d'êtres humains du simple fait qu'ils étaient juifs.

Je peux être tolérant à condition que cela n'empiète pas sur ma liberté et ne m'oblige pas à endosser des idées qui sont contraires à mes convictions.

Une tolérance infinie et tous azimuts est impossible.

à toi de jouer

Selon toi, pourquoi ne peut-on pas tolérer les politiques de ceux qui maltraitent l'environnement et ne pensent qu'à la rentabilité financière ?

*

OBJECTIVITÉ -SUBJECTIVITÉ

L'objectivité s'oppose à la subjectivité.

La subjectivité est ce qui relève de mon propre point de vue. Dans « subjectivité », il y a « sujet ».

L'objectivité, au contraire, ne prend pas en charge le point de vue personnel. On est objectif quand on rend compte le plus précisément possible de la réalité et qu'on ne fait entrer dans l'appréciation d'une chose ni ses goûts ni ses préférences.

Les goûts et les préférences, les préjugés sont en effet du domaine de la subjectivité.

Il est difficile d'atteindre l'objectivité absolue. Il y a toujours des sentiments, des tendances invisibles qui sont du domaine de l'inconscient et qui peuvent intervenir dans ma description d'un fait ou d'une chose.

On demande souvent aux journalistes d'être objectifs dans la présentation de l'information. Ce que l'on veut avant tout connaître, ce n'est pas leur avis, mais la vérité des faits. C'est aussi une question de **morale**.

à toi de jouer

D'après toi, quelles sont les conditions pour être objectif ?

*

→ MORALE

La morale est constituée d'un ensemble de règles – on dit aussi des « normes » – qui distinguent le bien du mal et qui nous permettent d'agir en société dans le respect de l'être humain, de ses droits et de sa dignité.

Ces règles sont issues des valeurs qui fondent une société civilisée, c'est-à-dire une société ayant établi une façon de vivre ensemble qui ne prive personne de ses droits essentiels et qui fait de l'entraide une de ses valeurs principales.

Ainsi, le vol, le mensonge, le mépris, l'humiliation, l'agression, les insultes, la trahison font de celui qui les pratique un être immoral. En se conduisant ainsi, il s'oppose à la morale commune.

La morale relève du domaine public. Nous devons tous nous demander si nous la respectons dans notre comportement quotidien. C'est aussi une valeur qui définit personnellement un être. On dit de lui « c'est quelqu'un de moral », c'est-à-dire à qui on peut faire confiance, qui est fiable. On sait qu'il ne va pas truquer la réalité, raconter des choses fausses ou profiter de la faiblesse d'une personne pour la voler ou la mener en bateau.

On peut voir dans la morale une forme de sagesse qui conduit le citoyen à obéir aux lois et règles du vivre-ensemble. Quand j'ai un comportement moral, je tiens compte de l'existence de mon voisin et je ne vais pas, par exemple, l'empêcher de dormir parce que j'ai envie de faire la fête tous les soirs.

Celui qui ne se sent pas concerné par la morale est dit « amoral » ; celui qui s'oppose à la morale est dit « immoral ».

Pour être moral, il faut bien se connaître soi-même et connaître les autres. Cela demande beaucoup d'efforts, de recherche, de réflexion, et un vrai intérêt pour les individus mais aussi pour le monde des animaux et la nature en général.

à toi de jouer

À ton avis, peut-on dire (comme pour le rire) que « la morale est le propre de l'homme » ?

*

MAL
BIEN

→ÉTHIQUE

L'éthique est une valeur qui s'appuie en partie sur la morale dans ce qu'elle a de plus fondamental. C'est une forme de rigueur consistant à respecter de manière profonde des règles conçues comme universelles (qui doivent valoir pour tout le monde et en tout temps) dans l'action quotidienne. L'éthique complète la morale.

La justice, par exemple, ne peut être juste que si elle est fondée sur une éthique, c'est-à-dire un certain nombre de règles à respecter absolument. C'est ce qui guide l'action et les décisions d'un juge. Sans éthique, pas de morale ; sans morale, pas de droit et pas de justice.

Avoir une éthique, c'est avoir une règle de conduite qui part du principe qu'on applique les règles morales de respect du droit et de la dignité de la personne sans faire d'exception, sans compromis, sans complaisance ou passe-droit.

La loi morale dictée par les conventions sociales ne suffit presque jamais à guider parfaitement nos actions. La loi doit être simple et claire alors que les situations particulières sont compliquées.

L'éthique est en cela fondamentale, car elle exige de nous de respecter l'esprit de la morale.

n'oublie pas

Si on s'appuie uniquement sur les lois morales pour juger quelqu'un qui a tué, on va le condamner sévèrement. Mais si on s'appuie sur l'éthique, on va tenir compte d'une situation particulière et des circonstances dans lesquelles ce crime a été commis. Si, par exemple, une femme qui a été battue très souvent par son mari brutal le tue parce que sa propre vie est menacée, il faudra tenir compte de ces circonstances lors de son jugement. On doit considérer ce qui l'a amenée à commettre un tel crime. Là, la morale est secondée par l'éthique. Cela ne veut pas dire qu'on a le droit de faire justice soi-même.

*

→ RAISON

L'homme utilise sa raison pour comprendre le monde, les autres et lui-même. La raison implique le fait d'être logique, d'accepter d'appliquer certaines règles. Être logique, c'est admettre que deux fois deux font quatre, par exemple, ou de reconnaître que le tout est plus grand que la partie.

La raison est ce qui guide nos discussions avec les autres, ce qui nous permet de douter, de trouver des arguments et d'élaborer une pensée bien structurée. Elle donne aussi une place aux avis et arguments des autres.

La raison est un outil de travail, un cadre, une méthode pour penser et agir. C'est la capacité que l'homme a de distinguer le vrai du faux, le bien du mal, et de partager la vérité.

La raison, de ce fait, est différente de la foi, de la croyance. Quand on croit, et que l'on se soumet à une autorité religieuse, on ne se pose pas de questions. On accepte ce que dit le prêtre, le rabbin ou l'imam, et on poursuit son chemin. Quand on agit selon la raison, au contraire, on cherche toujours à expliquer les choses et à donner des éléments qui se tiennent, assez cohérents pour faire de cette explication quelque chose qu'on ne peut normalement ni contester ni refuser.

Quand on lit intelligemment les textes religieux, on se rend compte que la religion a su faire place à la raison. On peut être croyant et pratiquer la raison. Quand on abandonne la raison, on peut devenir fanatique, c'est-à-dire intransigeant et incapable de discuter calmement certaines idées. Le **fanatisme** est le comble de la fermeture d'esprit.

Et on ne peut être un citoyen sans recours à la raison.

Être raisonnable, c'est s'assurer qu'on ne va pas faire des folies.

Le fou est celui qui a perdu la faculté de distinguer le bien du mal, le vrai du faux. On dit « il n'a plus sa raison », il dit et fait n'importe quoi sans penser aux conséquences de ses actes et de ses paroles.

à toi de jouer

A-t-on le droit de temps en temps de s'écarter de la raison ? L'art, la poésie ne sont pas toujours rationnels. Au début du XXe siècle, des poètes ont inventé le surréalisme, lequel a donné un coup de pied à la raison, par exemple. Qu'en penses-tu ?

*

→ FOLIE

La folie est une perturbation de l'esprit, un désordre qui se produit dans la tête. On perd son équilibre, on est sans repères, on ne raisonne plus ou alors on utilise la raison de manière non logique pour justifier un comportement étrange, qui ne correspond pas à ce que demande la société.

La folie est une maladie qui rend l'homme incapable de vivre et de travailler en société. Quelqu'un qui souffre de troubles mentaux a oublié les règles, les lois, les convenances qui nous disent « voilà ce qui se fait et voilà ce qui ne se fait pas ».

Il y a une folie lourde dont les origines viennent de loin, de l'enfance et de certains chocs – des traumatismes –, et puis il y a une folie légère, qui peut être passagère parce qu'elle est provoquée par des contrariétés du moment.

Le fou est quelqu'un qui n'est pas rationnel, donc pas responsable. Il ne possède pas tout son jugement, ce qu'on appelle son « entendement », sa capacité à utiliser la raison.

Tous les troubles mentaux peuvent faire l'objet d'un traitement médical, mais celui-ci est souvent long et compliqué.

La psychiatrie (la médecine qui s'occupe des troubles mentaux) a fait des progrès ces dernières décennies en s'appuyant sur de meilleures connaissances scientifiques.

à toi de jouer

Selon toi, comment faire la différence entre la folie en tant que maladie de l'esprit et la folie en tant que manifestation excessive de la joie et du bonheur ? On dit de quelqu'un qu'il est « amoureux fou », par exemple ; mais être amoureux à la folie n'est pas comparable à la maladie de celui qui ne distingue pas le bien du mal.

*

→ ENTENDEMENT

L'entendement, c'est la capacité chez l'homme de comprendre, ou plus exactement, c'est l'ensemble des facultés que notre esprit possède pour comprendre et juger de manière raisonnable, rationnelle ce que nous lisons ou entendons.

Quand une chose étrange ou extravagante survient, on dit que « cela dépasse l'entendement », autrement dit que l'esprit humain n'a pas les moyens de la comprendre.

L'entendement va au-delà de la simple compréhension ; l'esprit rationnel relie des éléments afin d'en révéler la cohérence, la logique.

L'entendement embrasse un champ plus large que la simple évidence. C'est l'utilisation simultanée de la raison et de l'**intelligence**.

Devant certaines choses que nous n'expliquons pas naturellement, nous commençons par les admettre, par les comprendre. L'entendement va plus loin, demande du travail et de la réflexion. On fait appel à la raison pour expliquer ces choses.

n'oublie pas

Lorsque quelqu'un te dit : « J'entends ce que tu dis », cela signifie : « Je te comprends. »

à toi de jouer

Quel est le lien, d'après toi, entre l'entendement et la raison ?

*

→ INTELLIGENCE

Être intelligent veut dire avoir la capacité de comprendre les choses et de s'adapter à des situations nouvelles. C'est quand je ne comprends pas naturellement que j'ai besoin d'intelligence pour que ce qui m'échappe me devienne plus facile, plus familier.

Il est vrai que le monde est compliqué, vaste, divers et souvent incompréhensible. « L'incompréhension du monde » est le fait d'admettre que l'homme est incapable de tout comprendre du monde. C'est être intelligent que de reconnaître ses limites et de travailler en fonction de ce que nous pouvons comprendre. Celui qui prétend tout comprendre du monde est prétentieux. Personne n'est capable de tout comprendre du monde. Par exemple, il y a aujourd'hui, malgré le grand progrès de la médecine, des maladies que l'on ne sait pas soigner parce qu'on ne comprend pas leurs mécanismes.

Le philosophe Henri Bergson s'est amusé à dire que « l'intelligence est caractérisée par une incompréhension naturelle de la vie ». Cette formule est souvent tournée ainsi : « l'intelligence, c'est l'incompréhension du monde ». C'est ce qu'on appelle un paradoxe, c'est-à-dire une manière de dire les choses qui semble contenir une contradiction.

L'intelligence humaine (certains animaux ont une forme d'intelligence qui, dans certains cas, ressemble à celle de l'homme) est la faculté de connaître et de comprendre assez vite les diverses composantes de la réalité et de savoir s'adapter à ce qui est nouveau.

Il existe plusieurs formes d'intelligence.

On peut être très intelligent pour résoudre des problèmes de mathématiques, et être dépourvu de l'intelligence sociale, l'intelligence du cœur, par exemple, le fait d'avoir la faculté de comprendre les autres même quand ils ne parlent pas ou qu'ils ne disent les choses qu'à demi-mot.

On peut donc dire qu'il y a une intelligence « technique », celle qui conduit à concevoir des outils pour faire fonctionner des machines, qui se distingue de l'intelligence morale, sociale, relationnelle, celle à laquelle on a recours dans nos relations avec les autres.

Être intelligent, c'est savoir s'adapter à n'importe quelle situation nouvelle et trouver des solutions à des problèmes imprévus. C'est ainsi qu'on teste, par exemple, l'intelligence des rats. On change leur itinéraire et on voit comment ils vont contourner cette difficulté nouvelle.

L'alliance de l'intelligence technique et de l'intelligence morale et sociale est une combinaison qu'il faut toujours rechercher : c'est l'intelligence pratique. Savoir agir en tenant compte de tous les éléments.

L'intelligence se cultive. Ce n'est pas une donnée immuable et éternelle ; si on ne la fait pas travailler, elle s'use et se perd.

De toute façon, l'intelligence de l'homme a des limites. On ne peut pas absolument tout comprendre.

Une question : Comment expliquer que l'homme, qui est doué d'intelligence, détruise son environnement et menace sa propre survie sur Terre ?

Une autre question : Comment expliquer que l'homme, qui est doué d'intelligence, puisse fabriquer des armes de destruction massive, quitte à ce qu'il en soit lui-même un jour victime ?

L'intelligence, même très élevée, ne fonctionne pas comme un vaccin contre la stupidité.

à toi de jouer

Est-ce qu'on peut, d'après toi, à la fois être très intelligent et pourtant faire preuve de bêtise ?

*

→ INTELLIGENCE ARTIFICIELLE

Aujourd'hui, on parle de plus en plus de l'intelligence artificielle propre à des robots capables de résoudre des problèmes très compliqués. On dit que c'est la science de l'avenir. Mais attention, elle a des limites : chaque fois qu'il faut faire appel à l'imagination ou au jugement moral, les robots ne peuvent que faire semblant, imiter.

L'intelligence artificielle, quelles que soient ses capacités, est issue de l'intelligence de l'homme. Aucune machine n'est intelligente par elle-même. Mais l'intelligence de l'homme peut fabriquer des machines qui résolvent des problèmes compliqués.

Dans certains hôpitaux, des robots effectuent des opérations chirurgicales. Mais on oublie de signaler que derrière le robot, il y a une main humaine, celle du chirurgien qui guide le bras métallique de la machine. Celle-ci est constamment sous le contrôle de l'homme.

Avec l'intelligence artificielle, l'homme doit être derrière la machine, jamais devant.

Il met en place un système de calculs et de prévisions qu'on appelle **algorithme**.

à toi de jouer

Certains scientifiques sont convaincus que, d'ici quelques décennies, nous saurons créer des programmes informatiques qui seront si intelligents qu'ils dépasseront l'homme. Est-ce que cela pourrait être dangereux d'après toi ?

*

→ ALGORITHME

Un algorithme est un calcul, un ensemble de règles et de techniques qui permettent de résoudre un problème arithmétique.

Le mot « algorithme » vient du nom d'un savant arabe, géographe et mathématicien du IXe siècle, Al-Khwarizmi.

C'est une suite d'instructions simples qui aboutissent à une information. Par exemple, une recette de cuisine est composée de plusieurs règles qui, exécutées dans l'ordre, permettent de confectionner un plat. Il en est de même pour un programme de divertissement ou d'information. L'algorithme capte les habitudes des consommateurs puis les utilise pour proposer aux gens ce qu'ils attendent. Ils pensent qu'ils ont choisi tel programme, alors que c'est l'algorithme qui l'a choisi pour eux en repérant leurs tendances et en les complétant avec d'autres données d'utilisateurs similaires par exemple.

Certaines de nos libertés sont menacées par la propagation de l'algorithme. Comment, en effet, avoir une liberté de choix, quand ce sont d'autres qui choisissent pour nous ?

Selon certaines études, 50 % des activités professionnelles pourraient être automatisées dans les décennies à venir. Mais il faut rester vigilant et remettre les valeurs morales au centre de l'utilisation de l'intelligence artificielle. Sinon, la machine fabriquée par une « super intelligence » pourrait passer outre ces valeurs morales et humaines qui font que nous sommes capables de vivre ensemble en nous respectant mutuellement.

L'intelligence artificielle est un grand progrès technologique. Mais si elle n'est pas accompagnée d'une pensée humaine, une réflexion humaine, elle risque de mener l'humanité à des catastrophes.

Un avion peut voler en toute sécurité en suivant les indications d'un ordinateur. C'est ce qu'on appelle le « pilote automatique ». Cela ne veut pas dire que le pilote peut aller dormir, il doit rester derrière la machine qui a certes été programmée pour fonctionner durant tout le voyage, mais par prudence, en cas d'une panne de l'ordinateur, le pilote humain doit pouvoir reprendre à tout moment les commandes de l'avion.

à toi de jouer

Prenons un exemple du travail qu'effectue un algorithme : quand tu t'abonnes à une chaîne pour voir des séries, des films de fiction ou des documentaires,

la machine suit avec attention tes choix
et surtout tes habitudes.
Ici, l'algorithme a repéré ce que tu aimes et ce que
tu n'aimes pas à partir de tes choix de spectacles.
Il a calculé tes tendances et peut anticiper tes désirs.
Il te connaît mieux que quiconque. On peut le comparer
à une sorte d'espion ! Tout cela est fait pour rendre
le plus rentable possible ce que l'homme produit
et met sur le marché.
Que devient, alors, ta liberté de changer,
de progresser, d'explorer ?

*

→ ABSTRACTION

« Abstrait » est le contraire de « concret », de ce qu'on peut toucher, palper. Est concret tout ce qu'on peut appréhender par l'un de nos cinq sens.

L'abstraction est la capacité de l'esprit humain à travailler avec des idées, c'est-à-dire à manier et concevoir des idées qu'on ne peut représenter concrètement. Dans l'abstraction, on suit une pensée, on la développe, on élabore un concept, c'est-à-dire une idée, etc. Ces concepts deviennent manipulables par l'esprit grâce à des mots, à des phrases organisées logiquement.

On dit d'une peinture qu'elle est abstraite quand elle n'est pas figurative, c'est-à-dire qu'elle ne peint pas des êtres et des choses concrètes. Elle ne représente pas le réel, par exemple, la nature, des personnages, etc.

Seul l'homme est capable d'abstraction : anticiper mentalement, prévoir, imaginer et s'étonner, créer des projets qu'il pourra réaliser dans la réalité concrète.

à toi de jouer

Quel est, d'après toi, le contraire d'une peinture dite abstraite ?

*

→ ÉTONNEMENT

S'étonner, c'est éprouver un sentiment de surprise face à quelque chose de nouveau ou à un fait inconnu. Celui qui sait s'étonner montre qu'il est toujours prêt à apprendre. Il dit par son étonnement : « Je ne savais pas, maintenant, j'ai appris quelque chose de nouveau, et qui m'enrichit. » Tant qu'on a cette faculté de s'étonner, on est vivant, on nourrit son intelligence et sa curiosité. Quand on perd cette faculté, c'est que plus rien ne nous intéresse. On appelle cela être « blasé ». Ne plus s'étonner, c'est démissionner, c'est rendre les armes et se laisser aller vers la fin, c'est accepter de sortir du monde et du mouvement de la vie.

La faculté d'étonnement est comparable à l'appétit face à la nourriture. Perdre l'appétit est un signe de maladie, de renoncement.

L'étonnement se maintient par des exercices. Perdre la capacité de s'étonner, c'est perdre un peu de vivacité. Pour t'étonner toujours, sois curieux, cherche à comprendre ce qui te paraît difficile ou neuf. Cherche quelques exemples : comment consommer moins d'énergie ? Comment protéger la vie autour de soi : la biodiversité, les oiseaux, les insectes, les grenouilles, les tortues, les plantes, les arbres, les sources d'eau naturelles ? Etc.

à toi de jouer

Aristote disait : « La philosophie commence avec l'étonnement. » De temps en temps, comme lui, pose les questions « pourquoi », « pour quoi faire », « pourquoi pas » ? Tu verras alors que même des choses banales peuvent redevenir étonnantes.

*

→ IMAGINATION

L'imagination est le propre de l'homme. Il est capable de se représenter le monde en images, de créer, d'inventer. C'est le don de concevoir des choses avec des images et de traduire ses pensées en des images mentales.

La richesse d'un romancier, c'est son imagination. Il crée un monde, des personnages, des situations.

Avec l'imagination l'écrivain crée des fictions, il raconte des choses qui ne sont pas réelles.

C'est grâce à la puissance de l'imagination que l'artiste est un créateur, un inventeur d'objets (des tableaux, des sculptures) ou de situations qui n'existent que par sa volonté.

Il y a l'imagination banale que tout le monde possède (par exemple, j'imagine les effets de la canicule sur les personnes âgées et malades). Il y a aussi l'imagination créatrice qui s'exerce dans le domaine de l'art, que ce soit en littérature, au théâtre, au cinéma, en peinture, en architecture, etc.

Imaginer, c'est concevoir, composer, faire des combinaisons. Et rester **humble**. Ce n'est pas parce qu'on a de l'imagination créatrice qu'on doit se prendre pour quelqu'un d'important.

à toi de jouer

Que penses-tu du slogan rendu public durant la manifestation de mai 1968 en France : « L'imagination au pouvoir » ? Comment combiner imagination et raison pour innover et trouver des solutions pour protéger notre planète ?

*

→ HUMILITÉ

Être humble, c'est être modeste. Quelle que soit la qualité de notre action, nous devons rester sobres, nous garder d'avoir des prétentions, d'avoir comme on dit « la grosse tête ». La personne humble ne fait pas de bruit, ne se fait pas passer pour ce qu'elle n'est pas. Au contraire, elle minimise ce qu'elle fait et ne veut même pas qu'on la remarque.

L'humilité est une vertu. C'est le fait de s'accepter tel qu'on est sans s'attribuer des qualités morales qu'on n'a pas.

Une chose qu'on ne peut pas affirmer : « Je suis une personne humble. » Il faut laisser aux autres la possibilité de le constater. Ce serait une affirmation qui contredit cette vertu. L'humilité ne se crie pas sur les toits.

Les plus grands esprits, les savants, les chercheurs, les génies sont en général des personnes très humbles. Elles ont le **scrupule** de l'humilité.

n'oublie pas

À quoi reconnaît-on les grands hommes, les grands artistes, les philosophes, les créateurs, les grands chercheurs en sciences, en médecine ? À leur humilité, à leur modestie. L'humilité fait partie de leur grandeur.

à toi de jouer

Examine cette phrase : « Moi, je suis le champion de la modestie. » Vois-tu une contradiction ?

*

→ SCRUPULE

En latin, le mot *scrupulum* signifie « petite pierre pointue ».

Le scrupule, c'est le minuscule petit caillou qui se glisse dans votre chaussure et rend votre marche pénible, désagréable. Il est là, coincé au fond de la chaussure, pour vous rappeler qu'il vous embête et ne vous laisse pas en paix.

Moralement, ce petit caillou est une pensée qui vous fait réfléchir parce qu'elle vous informe que votre dernière action n'était peut-être pas convenable. Le petit caillou vous tracasse ; il vous met dans une position où vous doutez de votre comportement, de ce que vous avez dit ou du petit mensonge que vous avez osé faire pour vous faire pardonner une absence ou une mauvaise plaisanterie.

Le scrupule nous incite à réagir et à réparer ce qu'on a mal fait.

Un chef qui a confié un travail à quelqu'un qui n'est pas très compétent a des scrupules au moment où il se rend compte de son erreur.

On a des scrupules quand, par exemple, on a l'impression d'abuser de la gentillesse d'un ami qu'on ne veut pas déranger ou à qui on ne veut pas demander trop de choses.

Le scrupule, qui est une sorte de doute et d'incertitude morale, est différent du **remords** qui, lui, cause une honte et une culpabilité.

n'oublie pas

Le scrupule empêche de bien dormir.

à toi de jouer

Cherche des exemples de situations dans lesquelles tu as eu des scrupules. Était-ce, selon toi, une forme de faiblesse ?

*

→ REMORDS

Dans la vie, le remords, c'est le sentiment persistant et insistant qu'on éprouve après avoir mal agi ou après n'avoir pas agi. On a du remords parce qu'on a fait de la peine à quelqu'un qu'on aime bien. On lui a donné un faux espoir, par exemple, ou bien on lui a caché la vérité sur une affaire qui le concerne.

La gousse d'ail est traversée en son milieu par un germe vert. Ce germe indigeste donne mauvaise haleine si on le mange. Les cuisiniers l'appellent « remords » et ils s'en débarrassent lorsqu'ils réalisent un plat.

Dans le remords, la conscience est travaillée, parfois torturée. On aimerait revenir en arrière et réparer les dégâts

causés par notre maladresse ou notre inconscience. C'est une douleur.

Le scrupule comme le remords sont des manifestations qui sont propres à une bonne éducation. Ce sont des manquements aux principes de cette éducation. C'est aussi le propre de l'homme.

à toi de jouer

Comment est la qualité de ton sommeil quand tu as des remords ? Comment faire pour s'endormir avec, comme on dit, « la conscience tranquille » ?

*

→ LÉGÈRETÉ

La légèreté consiste à savoir ne pas s'encombrer de choses inutiles. Il faut cesser de consommer tout le temps et n'importe comment. En changeant ses habitudes, on peut améliorer la vie de tous. Par exemple, en achetant moins d'habits neufs, on contribue à moins polluer la planète. Plus les usines tournent, plus elles dégagent des déchets qui empoisonnent l'atmosphère.

Pour consommer moins, il faut aussi faire un effort afin de ne pas devenir l'esclave de la mode et des marques. Il faut acheter des choses de qualité, bien sûr, mais pas forcément parce qu'elles portent une marque fameuse, ce qui les rend plus chères.

Porter des vêtements d'une marque connue veut dire que mes parents ont les moyens de me payer des habits à des prix élevés. Cela peut aussi vouloir dire : «Je suis mieux que toi parce que mes parents sont riches», ou bien : «Je suis mieux que toi parce que je suis la mode, je suis en avance sur toi», etc. La publicité joue sur ce genre de préoccupation. Par ailleurs, porter les mêmes marques que les autres est une démarche pour être comme eux, pour ne pas être exclu du groupe.

Être léger, c'est prendre la vie du bon côté. Ne pas dramatiser, ne pas donner de l'importance à des choses qui ne le méritent pas, mais cela ne veut pas dire qu'il faut être **paresseux**. C'est le contraire de la lourdeur. Ne dit-on pas de quelqu'un d'insistant qu'il est «lourd», c'est-à-dire dérangeant?

Être léger, cela peut également signifier manquer de sérieux, ne pas se rendre compte de la gravité d'une situation, par exemple. Il faut savoir être léger dans la vie, mais pas dans toutes les circonstances.

à toi de jouer

Apprends à te débarrasser des objets inutiles qui s'accumulent dans tes placards. Donne tes vieux vêtements qui sont encore en bon état mais que tu ne mets plus et les jouets qui ne t'intéressent plus. Fais le tri dans ta chambre ; allège-la et demande-toi si tu ne vis pas mieux.

*

→ PARESSE

Nous avons tous droit à la paresse. En 1880, Paul Lafargue a écrit un livre intitulé *Le Droit à la paresse*. Il réagissait contre l'exploitation des ouvriers par les patrons qui les faisaient travailler au-delà du temps supportable. Il militait pour la réduction du temps de travail afin que les ouvriers n'aient plus une vie d'esclave.

Aujourd'hui, en France, la durée hebdomadaire légale du temps de travail ne dépasse pas les trente-cinq heures.

La paresse a quelque chose de doux. On se retire du monde, et on se repose selon ses désirs.

La paresse ne doit pas être permanente, sinon la société serait en panne. Si personne ne travaillait, la vie deviendrait impossible.

La paresse est un moment où le corps et l'esprit se reposent. On a besoin de se reposer, pour être en bonne santé et pour être ensuite plus efficace dans son travail ou ses activités et se sentir utile.

La paresse doit être une pause, un moment à soi.

En classe, qualifier simplement un élève de « paresseux » peut faire passer les professeurs à côté des vrais problèmes. Souvent, ce qu'on résume par la paresse est en fait du découragement. À force d'accumuler les échecs, l'élève découragé estime qu'il est inutile de se fatiguer puisque c'est perdu

d'avance. Il pense qu'il a trop de lacunes, trop de retard par rapport aux autres.

Une attention particulière de l'enseignant peut parfois sauver cet enfant et le sortir de cette prétendue paresse, qui est en fait un frein à son développement en tant qu'élève et futur citoyen.

à toi de jouer

Fais la sieste durant une vingtaine de minutes. Vois si tu te sens mieux. Si tu es épuisé, ne t'acharne pas au travail, ne réclame pas plus à ton cerveau que ce dont il est capable. Le résultat sera mauvais.

*

→ EAU

L'eau n'est pas un concept philosophique. Mais j'en parle parce que l'eau est l'élément fondamental de la vie. Et l'amour de la sagesse et du savoir (la philosophie) voudrait qu'on se préoccupe de l'eau sur notre planète (de l'accès à l'eau ou de l'état des océans, par exemple).

Nelson Mandela (1918-2013), le plus célèbre prisonnier d'Afrique du Sud, devenu après sa libération chef d'État de ce pays, a dit : « L'accès à l'eau est un droit humain fondamental. » Il a dit aussi : « L'eau, c'est la démocratie. »

En Europe, nous ne nous rendons pas toujours compte de l'importance énorme de l'eau. On prend des bains, on laisse le robinet couler pendant qu'on se brosse les dents, bref, on gaspille l'eau parce que nous n'en manquons généralement pas, sauf dans certaines régions en période de sécheresse. Avec le changement climatique, les températures vont augmenter, ainsi que les sécheresses. C'est d'ailleurs déjà le cas dans certains pays d'Afrique et au Proche-Orient.

Dans ces pays, l'eau est rare et précieuse.

Au nord du Mali, dans un village qui s'appelle Ménaka, l'eau est très rare. Elle est comparée à de l'or. Car sans eau, le bétail meurt. Sans eau, les hommes aussi meurent. On peut rester plusieurs dizaines de jours sans manger, mais on ne peut pas se passer de boire ne serait-ce qu'une journée.

Pour respecter l'environnement, il faut économiser l'eau.

n'oublie pas

L'eau est si précieuse qu'elle pourrait être l'objet des prochaines guerres. Fais attention, ne la gaspille pas, et aide les autres à en prendre soin également.

à toi de jouer

Quand on compte tout ce qui a été nécessaire pour son mode de vie, un Américain moyen utilise 600 litres d'eau par jour. Un Africain vivant dans une région aride n'utilise que 10 litres par jour. Pourquoi un tel déséquilibre, selon toi ?

*

→ ENVIRONNEMENT

L'environnement est l'espace dans lequel nous vivons. Cela va de notre chambre au parc qui se trouve dans notre quartier ou au bois, la forêt qui sont à la lisière de la ville. Cet espace fait partie de notre vie quotidienne. Il faut le préserver et le protéger. C'est notre espace vital, ce qui est autour de nous et qui nous est utile pour vivre : les arbres, les plantes, l'eau, tout ce qu'on appelle « la nature ».

C'est parce que nous avons négligé depuis longtemps notre environnement que la planète est malade. C'est parce que nous consommons beaucoup de choses dont nous pouvons nous passer que nous contribuons à polluer l'air.

Plus nous consommons d'objet – des jouets en plastique, des vêtements en grande quantité, des gadgets, etc. –, plus nous contribuons à créer la pollution que dégagent les usines qui fabriquent ces objets. Nous salissons la planète et nous respirons un air sale (cela ne se voit pas à l'œil nu) qui finit par provoquer chez nous des maladies. Nos poumons sont salis par l'air que nous respirons : il y dépose des particules fines, c'est-à-dire des polluants composés de matières microscopiques et nocives, dangereuses, qui sont en suspension dans l'air.

On tousse, on a de plus en plus de maladies liées à l'état de nos poumons, on a des malaises, des nausées, des maux de tête.

Le plastique est l'ennemi de la nature, car c'est une matière qui ne se détruit pas : qu'on le brûle, qu'on le fasse fondre, qu'on le réduise en poudre, il reste toujours des particules dont on n'arrive pas à se débarrasser. La mer est pleine de millions d'objets en plastique qu'avalent les poissons. En 2050, il y aura peut-être plus de plastique que de poissons dans la mer, donc dans notre assiette.

On appelle « 7e continent de plastique » l'immense espace que les scientifiques ont pu observer dans l'océan Pacifique. Sa surface est trois fois plus grande que la France !

Plus de la moitié des tissus avec lesquels on fabrique les vêtements contiennent du plastique, comme le polyester. Il faut demander à tes parents de t'acheter en priorité des habits en coton, et de n'acheter que les vêtements dont tu as réellement besoin.

On peut éviter d'acheter des objets en plastique. On peut fabriquer des jouets en bois, par exemple, ou avec de l'argile.

On peut recycler les vêtements, réduire les emballages des objets qu'on achète.

Il faut changer nos habitudes. Manger des fruits et des légumes de saison plutôt que des produits qui arrivent par avion de pays lointains. Quand on peut consommer des produits locaux, cela est aussi meilleur pour l'environnement (moins de transports, donc moins de pollution).

Si la totalité des hommes vivaient comme nous en France, avec un même niveau de consommation des

ressources, les scientifiques ont calculé qu'il faudrait deux planètes Terre de plus afin d'assurer les besoins de l'humanité. Les États-Unis, qui consomment encore davantage que nous, feraient monter ce chiffre à cinq planètes, si les sept milliards de terriens vivaient comme un habitant moyen de New York ou Chicago.

La nature nous rend d'immenses services pour nous aider à vivre. Les arbres absorbent une partie du carbone que les usines et les voitures envoient dans l'air et nous donnent de l'oxygène.

Sans les pluies, sans les rivières propres, les hommes sont condamnés à disparaître peu à peu. L'homme détruit l'équilibre de la nature ainsi que les êtres vivants qui composent la nature et qu'on appelle « écosystème ». Beaucoup d'animaux et de plantes ont déjà disparu. C'est ce qu'on appelle la sixième extinction (mort) de masse.

C'est pour cela qu'il faut préserver le milieu naturel et le respecter comme on respecte les gens qu'on aime.

n'oublie pas

L'environnement fait partie de nous ; il nous entoure et nous nourrit. En prenant soin de l'environnement, on prend soin par la même occasion de notre santé, de notre bien-être. Les pesticides ou les plastiques ne sont bons ni pour l'environnement ni pour nous. Les pesticides avec lesquels on traite les fruits et légumes sont nocifs pour nous ainsi que les plastiques présents de manière non visible dans certains aliments. Les premières victimes des pesticides sont les agriculteurs eux-mêmes, puisqu'ils sont en contact direct avec ces produits chimiques qui font pousser plus vite les fruits et légumes.

Le respect de l'environnement est une question vitale.

*

→TABLE DES MATIÈRES

Réalisation graphique : Cédric Ramadier

Loi n° 49-956 du 16 juillet 1949
sur les publications destinées à la jeunesse
ISBN : 978-2-07-514266-3
Numéro d'édition : 364554
Dépôt légal : août 2020

Imprimé en Espagne par Edelvives

PEFC PEFC/14-38-00260